JN024624

Fostering Communication Skills

コミュニケーション能力育成

音声表現研究をベースとした話しことば教育

平野美保 Miho Hirano

ナカニシヤ出版

はじめに

　コロナ禍に伴い，世界中でいっきにオンライン化が進んだ。それによって，これまで以上に，「話し方」を意識した人は多かったのではないだろうか。ネットを介したコミュニケーションでは，より丁寧に，より明瞭に話すことが求められる。場合によっては相手の顔が見えないまま話す必要があり，ゆっくりわかりやすく話すことの重要性を感じたことだろう。一方，聴者の立場では，話者の単調な話し方に，対面以上に退屈で時間が長く感じるときはなかっただろうか。

　学生の就職活動に目を移すと，コロナ禍に伴い，「2021 年新卒採用の面接形式，8割がオンラインを活用。大企業では 9 割」（HR 総研 2021）であったという。緊張感のある中で「話す」ことに慣れていないことにより，対面での面接以上に，自己の力を出しきることができなかった学生も少なからずいたのではないだろうか。話の内容はもちろんだが，話し方に問題があることから誤解されたり，緊張感の強さから思うように話せなかったりした人もいたことだろう。オンラインでの就職活動に限らず，その後の人生にも，話し方が大きくかかわってくることは言うまでもない。

　このコミュニケーション能力の重要性は，コロナ禍に関わらず，以前から指摘され続けてきた。そのため，教育においてもコミュニケーション能力の育成を充実させていく必要がある。しかし，コミュニケーション能力は人によって能力差，多様性が大きいが，何をどのように育成していけばいいのだろうか。楽しいときは一生懸命取り組みやすいが，そのような方法で育成することはできないだろうか。コミュニケーション能力を，実習など他の中心的な内容の付随的な産物として育成するのではなく，コミュニケーション能力を中心に育成していくことで得られることは多様にあるのではないだろうか。今後，実社会で学修（学習）[1] 者自身が主体的に活動していくために，単にスキルを教えるのではなく自身で在り方を見出していける方法はないだろうか。本書は，このような思いから研究を進めてきた成果である。

　本書の目的は，大学生に対するコミュニケーション能力育成に関する学修プログラムをデザインし，話しことば教育の 1 つの方法を提案することにある。多様な大

1）大学での学びは「学修」（中央教育審議会 2012）とされていることから，本書でもそれに準じ，5 章より「学修」としている。

学生が入学してきていると言われているが，前述の通り，コミュニケーション能力は，人によって相違があり多様性もある。学習を一律にスタートすることができる類のものではない。また，コミュニケーションと一口に言っても様々で，本書ですべてを扱っているわけではなく，扱いきれるものでもない。しかし，コミュニケーション能力育成に関する1つの指針を示すことができるのではないかと考えている。

　本書の特徴は，主に3点ある。1つ目は，音声学や心理学などの隣接諸領域の研究成果を基盤に，コミュニケーション能力育成について実践的に研究している点，2つ目は，「音声表現スキル」に注目し，そこから広いコミュニケーションスキルに発展させている点，3つ目は，デザインされたプログラムの活用が可能である点にある。特に3つ目については，コロナ禍に伴い，筆者もオンライン授業を余儀なくされた。そのため，本書第Ⅲ部の実社会と連続性を有するコミュニケーション能力の学修のためのプログラム（以下，「話しことばプログラム」とする）を，同期型オンライン（ライブ）授業で実施した。また，2020年度から，新たにプレゼンテーションに関する基礎的な知識習得を目的とした科目を担当することになったため，両者ともに，話しことばプログラムの3つのモデルと全体像に即して実施した。研究倫理審査の関係で実施後に本書のような調査はできなかったものの，内容・方法をオンライン用に変更し，その3つのモデルと全体像に即して実施したが十分に可能であったと認識している。そのため，この3つのモデルと全体像は，関連の学習においても応用可能性があると考えている。

　本書が想定している読者は，まず，大学で関連の科目や実践的な科目を担当している教員である。第7章の内容・方法を使用していただいてもいいし，第6章の3つのモデルと全体像に即して，目的等に合わせて役立てていただくのもいいだろう。また，話し方は大学生にだけ必要なことではない。そのため，中高の教員，各種学校の教員，そして企業等の研修講師の方々にも利用していただける。さらに，本書は，授業や研修の実践のためのものだけではない。実践的研究をしている研究者にも，このような方法で研究を進めていく1つの参考書となれば望外の喜びである。加えて，数多く出版されている「話し方」に関する一般書では通常見ない隣接諸領域の研究成果を基盤に研究を進めてきているため，話し方に興味・関心のある方にもおおいに参考にしていただけるものになったのではないかと思っている。筆者自身，心ときめかせて調査をしてきたものである。

　なお，特に第Ⅲ部の話しことばプログラムの指導にあたっては，高度なスキルが要求されるものでないようにデザインされている。プログラムの開発にあたって，

筆者でなければできないというものにしてはいけないという思いを強く持って進めてきた。受講生が，アナウンサーなどの話の専門家を目指したものではなく，コミュニケーション能力を中心に，実社会に資することを意図していることから，アナウンサー等の話の専門家養成と同じ教育をすればいいというものではない。そのため，話しことばプログラムの意図や方法を十分に把握することで，アナウンサー関連の経験者はもちろん，企業等でプレゼンテーション業務を担当してきた方を含め，関連の仕事をしてきた方，この周辺のスキル等に長けている方，コミュニケーション能力育成に興味関心のある方，ファシリテーションができる方であれば指導が可能ではないかと思っている。

　本書は，3部で構成されている。第Ⅰ部では，コミュニケーション能力育成に向けての手がかりとなる諸議論について概観している。第1章では，大学生を中心に，実社会で求められる能力やコミュニケーション能力の育成に関する先行研究・報告について，第2章では，音声表現に光を当て，効果的なコミュニケーションとはどのようなものか，アナウンサーなどの基礎訓練の内容を基にした音声表現を育成するための手がかりや大学生の音声行動の特徴をまとめている。

　第Ⅱ部では，音声表現スキルの育成に関して段階的に実施した結果を述べている。まず第3章では，音声表現スキルに関する短時間（約40分）のプログラムを実施する群と実施しない群とで比較をし，実施による学習者の認識や音声行動の変化を明らかにした。次に第4章では，同じプログラムを演習方法に相違を持たせ，学習者の感情と音声行動の相違から，指導法について検討した。さらに，第5章では，第3章，および第4章の結果を受け，大学の授業（15週）をデザインし，質的データ分析手法（SCAT）を使って，実施後の学修者の認識面から，学修者の変化について検討してきた。これらは，音声表現に関することだが，第Ⅲ部のコミュニケーション能力育成において，多くの示唆を得ることができた。

　第Ⅲ部では，話しことばプログラムについて述べている。この話しことばプログラムは，主に第Ⅱ部の研究成果を基盤に，筆者らが考案した3つのモデルと全体像を適用したものである。口頭表現の基礎学習，「書く」ことを通しての日本語表現の学習，プレゼンテーションの学習，スピーチ・朗読・ラジオ番組制作を通しての統合的学習の4つの観点から実践例（7科目）について詳述している。さらに，各授業実施後の学修者の認識から話しことばプログラムの特徴をとらえ，就職活動を終了した学修者へのインタビュー調査から，話しことばプログラムの有用性を検討した。

このように本書は，第Ⅰ部から第Ⅱ部へ，第Ⅱ部から第Ⅲ部へと順を追って研究を進めてきたものである。しかし，研究としては連続しているが，読み方としては，読者の興味・関心からどこからでも読んでいただけるものと考えている。たとえば，話しことばプログラムに興味のある方は第Ⅲ部から，音声表現の特徴を知りたい方は，第Ⅰ部の第2章からというように，自由に読んでいただきたい。また，随時，「まとめ」を入れることで，結果のみを知りたい方にも対応できるようにした。

　なお，中央職業能力開発協会（2004）は，かつて若年者の事務系・営業系職種において，半数以上の企業が採用にあたって重視し，比較的短期間の訓練により向上可能な能力を「若年者就職基礎能力」とし，その能力の1つである「コミュニケーション能力」を「意思疎通」「協調性」「自己表現力」としていた。コミュニケーション能力は，就職や職業生活に限って必要なものではないものの，本書のコミュニケーション能力育成の主な対象が大学生であること，練習によって改善可能な能力の育成を意図していることから，本書でのコミュニケーション能力は，中央職業能力開発協会（2004）が示した，「意思疎通」「協調性」「自己表現力」とした。

目　　次

第Ⅲ部　話しことば教育の実践

第Ⅰ部

コミュニケーション能力育成のための
手がかり

第Ⅰ部では，実社会に資するコミュニケーション能力育成のための手がかりを得るため，実社会とコミュニケーション能力との関連，コミュニケーション能力育成に関する先行研究・実践報告，音声表現の特徴，そして，大学生の音声行動の傾向について概観する。

第1章

実社会で求められる
コミュニケーション能力

1 大学生に求められる能力

　実社会から求められている能力は，大学生だけに限定されるものではない。しかし，本書の中心的な育成対象は大学生であることから，本節では，各界が大学生に求めている能力を概観していきたい[1]。

　文部科学省が，グローバル化する知識基盤社会において，学士レベルの資質能力を備える人材育成の重要な課題として提示しているのは，「学士力」である。「学士力」は，大学が一定の能力を保証すべきとの観点から「1. 知識・理解（文化，社会，自然等）」「2. 汎用的技能（コミュニケーションスキル，数量的スキル，問題解決能力等）」「3. 態度・志向性（自己管理力，チームワーク，倫理観，社会的責任等）」「4. 統合的な学習経験と創造的思考力」（中央教育審議会 2008）の4つの柱で構成されている。中央教育審議会（2012）では，予測困難なこれからの時代をより良く生きるために，「人間としての自らの責任を果たし，他者に配慮しつつ協調性を発揮できるための倫理的，社会的能力を身に付けられるようにするとともに，答えのない問題に対して自ら解を見出していく主体的な学修の方法や，想定外の困難に際して的確な判断力を発揮できるための教養，知識，経験を総合的に獲得することのできる教育方法を開発し，実践していくことが必要である」と述べられている。さらに，このコミュニケーション能力育成のための手がかりを得るための研究調査終了後ではあるが，中央教育審議会大学分科会（2020）による「教育マネジメント指針」では，「学修者本位の教育の実現」で，2040年に求められる人材像について，次の通り謳われている。

---

1) 第1章と第2章は，平野（2012）に加筆修正したものである。

・基礎的で普遍的な知識・理解と汎用的な技能を持ち，

・その知識や技能を活用でき，

・ジレンマを克服することも含めたコミュニケーション能力を持ち，

・自律的に責任ある行動をとれる人材

　経済産業省（2006）は産学の有識者による委員会にて「職場や地域社会で多様な人々と仕事をしていくために必要な基礎的な力」として，3つの能力（12の能力要素）から成る「社会人基礎力」を抽出している。

　　前に踏み出す力（アクション）：主体性，働きかけ力，実行力

　　考え抜く力（シンキング）：課題発見力，計画力，創造力

　　チームで働く力（チームワーク）：発信力，傾聴力，柔軟性，状況把握力，規律性，ストレスコントロール力

　厚生労働省（2004）は『若年者の就職能力に関する実態調査』結果から，事務系・営業系職種において，半数以上の企業が採用にあたって重視し，基礎的なものとして比較的短期間の訓練により向上可能な能力を「若年者就職基礎能力」とし，これらを習得した場合，採用可能性は60％を超えるとしている。その能力とは「コミュニケーション能力」「職業人意識」「基礎学力」「ビジネスマナー」「資格取得」である。YES-プログラム（Youth Employability Support Program）は2009年に終了したものの，訓練によって改善し採用可能性が高まるため，大学では教育にあたっての1つの目安として参考にできる指針といえる。

　日本だけではなく世界規模でも，21世紀に求められるスキルの検討が進んでいる。たとえば，OECDのプロジェクトであるATC21Sプロジェクトは，グローバル経済や変化の速い世の中に生きていくために，4つのカテゴリーに分類される10個のスキルを定義している（21世紀型スキル）。「思考の方法（Ways of thinking）」に定義されるスキルは，「創造性とイノベーション」「批判的思考，問題解決，意思決定」「学び方の学習，メタ認知」である。「働く方法（Ways of working）」に定義されるスキルは，「コミュニケーション」「コラボレーション（チームワーク）」である。「働くためのツール（Tools of working）」に定義されるスキルは，「情報リテラシー」「ICTリテラシー」である。「世界の中で生きる（Living in the world）」に定義されるスキルは，「地域とグローバルの良い市民であること（シティズンシップ）」「人生とキャリ

ア発達」「個人の責任と社会的責任（異文化理解と異文化適応能力を含む）」である（グリフィンら 2014）。

　「キー・コンピテンシー」は，前述の「21 世紀型スキル」とともに，OECD によるプロジェクトによって，定義と選択がなされた能力である。そのキー・コンピテンシーは，「自律的に活動する力」「道具を相互作用的に用いる力」「異質な集団で交流する力」の 3 つにまとめられている（ライチェン・サルガニク 2006）。

　このように，表現の仕方は異なりつつも，いずれもコミュニケーション能力に関することが含まれており，これらの求められている能力を踏まえて育成していく必要がある。

　では，コミュニケーション能力とは，実社会でどのように認識されているのだろうか。コミュニケーションに関することは職業社会に限ったことではないものの，職業社会においてコミュニケーション能力がどのように認識されているのかは，大学生に対する育成において 1 つの目安となり得る。そのため，次節では，職業社会でのコミュニケーション能力に光を当て概観してみたい。

2　職業社会におけるコミュニケーション能力

　まず，大卒新卒者採用の視点から重視される能力についてみていきたい。

　関連の調査や書籍は多くみられるが，たとえば，日本経済団体連合会（2018）の『2018 年度　新卒者採用に関するアンケート調査結果』では，採用選考時に重視する要素は 16 年連続で「コミュニケーション能力」が第 1 位（82.4%）であった。第 2 位は「主体性（64.3%）」，第 3 位は「チャレンジ精神（48.9%）」，第 4 位は「協調性（47.0%）」，第 5 位は「誠実性（43.4%）」であった。

　岩脇（2006）による大学新卒者に対する採用担当者の聞き取り調査[2]では，採用現場で多くの企業が評価している能力（基礎能力の 4 要素）として次の 4 点が示された。A）「頭の良さ」，B）「コミュニケーション能力」，C）「課題創造・達成力」，D）「アピアランス」である。A）では，「学力」「地頭（じあたま）」「論理的思考力」の 3 つに分けられている。B）では，2 つの能力に分けられている。1 つは「自己主張」と「協調性」を両立させて「チームワーク」や「リーダーシップ」を発揮できることである。もう 1 つは「素の自分を開示し」「自分を表現」できることである。C）では，

2）岩脇（2006）の調査の対象企業は，都市圏に本社をもつ著名企業に限られている。

｜自ら問題を見つけ」「解決法を考えだし」,「実行」した結果「目標を達成」し,「成果をあげる」こと,または達成したいという「意欲」のことである。D) では,「立居振舞」や「態度」が「礼儀」や「常識」にかなっており,「外見や話し方」が「明るく」「元気」なことである。

　また,採用担当者の,面接する学生に対する判断基準について記述されている書籍も出版されている。たとえば,株式会社リクルートで人事部採用責任者として全国の採用活動を統括しつつ,1万人以上の学生を面接してきた辻 (2007：81-84) は,「プラスの印象になりやすい第一印象のタイプ」として4つに分類し説明している[3]。その説明にはいずれも,表情や声など,非言語的な側面が含まれている。これらは,採用担当者にとって重要な判断基準となっていることが考えられる。

　このように,コミュニケーション能力は,調査により順位や表現の仕方が異なるものの,関連の内容はいずれも上位にランクされ,採用時に重視されている能力といえる。

　次に,就職・就業をめぐる若者に求められている基礎能力と位置付けられている能力についてである。

　辰巳 (2006) は,業種や職種を超えて,すべての職場で必要とされる力（基礎力）をガードナー[4]やサロベイとメイヤー[5]などの先行研究から5つ抽出し,その基礎

---

3) 辻 (2007：81-84) の分類によると,1つ目は,「頭が良くてしっかりしていそう」である。この説明に「顔つき,表情,声」を挙げ,「突出していると冷たい印象を受ける」としている。2つ目は,「元気,積極的,タフ」である。この説明に「顔つき,姿勢,表情,動作,声」を挙げ,「突出していると傲慢な印象を受ける」としている。3つ目は,「明るく,人当たりが良く,人と接することが好きそう」である。この説明に「容姿,表情,動作,声」を挙げ,「突出していると落ち着きのない,軽薄な印象を受ける」としている。4つ目は,「真面目できっちりしていそう」である。この説明に「表情,姿勢,服装,声」を挙げ,「突出しているとおとなしい,消極的な印象を受ける」と説明している。
4) ガードナー (2001) の多重知能の理論では,最初に,人間の知能は7つに分類（言語的知能,論理数学的知能,音楽的知能,身体運動的知能,空間的知能,対人的知能,内省的知能）されているとして提唱された。対人的知能が指しているのは,「他人の意図や動機づけ,欲求を理解して,その結果,他人とうまくやっていく能力である」（ガードナー 2001：58-61）。
5) サロベイやメイヤーは,感情的知能（Emotional Intelligence）を4つの能力領域に分類している。「他者の感情を認識する（perceive emotion）」「思考を容易にする（use emotion to facilitate thought）」「感情を理解する（understand emotions）」「感情を制御する（manage emotion）」である（辰巳 2006：127）。

力を構成する要素の分析をしている。抽出された基礎力とは，対人基礎力，対自己基礎力，対課題基礎力，処理力，思考力である。ここでは，本研究に関連すると考えられる対人基礎力と対自己基礎力に含まれる要素について引用する。

辰巳は，対人基礎力を，「対人面の姿勢や集団との関わり方といった対人面で必要となる能力を「対人基礎力」とした」（辰巳 2006：127）。対人基礎力は，①親和力（親しみ易さ，思いやり，多様性の受容，傾聴，交渉），②協働力（チームや部署への貢献，役割認識，相互支援），③統率力（メンバーの動機づけ，他者の力を引き出す，場の流れを理解する）と分類された（辰巳 2006：130）。

対自己基礎力は，①感情制御力（切れない，ストレスのマネジメント），②自信創出力（前向き，ポジティブシンキング，セルフモチベート，機会による自己変革，自己信頼），③行動持続力（主体的行動，よい行動の習慣化，継続学習）と分類された（辰巳 2006：130）。自己制御をすることができ，他者との親和，協同，かつ，他者を統率する力が求められていることがわかる。

ところで，なぜこれほどまでに，実社会でコミュニケーション能力が重要視されるのだろうか。大坊（2006：17）は，「一般的に集団は1）地位と役割，2）親疎の感情，3）そしてコミュニケーションの流れ方によって構造化される」と説明している。狩俣（1992：209-210）は，組織の「新入者と上司，あるいは同僚や集団成員との間のコミュニケーションが彼らの解釈や意味づけに影響を及ぼす」とし，組織の社会化過程とコミュニケーションとの関連について述べている。

若者の就労の問題では，フリーターやニート（NEET : Not in Education, Employment or Training）だけでなく，正社員に就いた若者の早期離職や離職率の高さも指摘されている。たとえば，奥田（2007）の調査によると，勤続3年未満の離職者の離職理由は，「職場の人間関係がつらい」が，22.2%であった[6]。青谷・三宅（2005）は，企業と若年者の仕事に関するミスマッチとキャリア形成について，コミュニケーションの果たす役割を中心に考察している。「コミュニケーションの役割は，仕事に人々を積極的に駆り立てるものではないが，この不足が人々を職場から離反させる」（青谷・三宅 2005：21）とし，コミュニケーション能力が，「離職の要因であるミスマッチを解消し，キャリア形成が促されるための重要な鍵の1つであ

6）奥田（2007）の調査では，「職場の人間関係がつらい」を除く上位項目は次の通りであった。「仕事上のストレスが大きい」（29.7%），「労働時間が長い」（24.4%），「肉体的・精神的に健康を損ねた」（17.7%）。なお，この調査では，前職の離職理由について，該当するものすべてを選んでいる。

る」(青谷・三宅 2005：1) と述べている。総合研究所等における組織・人事コンサルティングを経て，人材育成などのコンサルティング等に携わる高橋 (2009) は，職場の組織活力は感情で変わると述べているが，後述する通り (第 2 章 1 節)，その感情は言語内容だけでなく，音声表現によっても聴者に伝達される。

　このように，コミュニケーション能力の不十分さは，就業に影響があり，就職活動だけでなく，組織適応の社会化過程や離職を含むキャリア形成にも関連していると考えられる。すなわち，多くの調査研究で示されている通り，職業社会とコミュニケーション能力の関連は大きいといえる。では，大学ではどのようにコミュニケーション能力育成に関して研究・実践がされているのだろうか。

3　コミュニケーション能力育成に関する研究・報告

　本節では，コミュニケーション能力育成に関する先行研究・報告から手がかりを得ていく。まず，コミュニケーション能力育成にかかわる歴史的な流れを概観する。古代ギリシャ時代において，アリストテレスによって，弁論術が学問として扱われるようになったが，アメリカでは，18 ～ 19 世紀に elocution (雄弁術) 研究が盛んになった (佐藤 2003：36)。日本では，福沢諭吉が西欧の「スピーチ」「ディベート」「会議」などを日本に初めて紹介した。福沢 (1977：122-130) は『学問のすゝめ』第 12編「演説の法を勧むるの説 (近代国民の要件)」[7] において，「日本には昔からこの方法がなく」と述べ，演説は，文章とは異なる味を生ずることを述べている[8]。その影響を受け，また，日本の近代化と結びつき，学校教育にも影響を与えたが，本格的な音声言語の指導は，その前の段階だった (有働 1999：368)[9]。その後，音声言語に関する書籍が出版されるようになった。たとえば，馬場辰猪 (1885) は『雄辯法』を著した。また，徳川夢聲[10] (1949) は『話術』[11] を出版した。徳川の「「話術」と

---

7) 第 12 編「演説の法を勧むるの説」は，「明治 7 年 7 月」に記述されたことが記載されている。
8) たとえば，福沢 (1977：122) は，「文章で書けばそれほど注意をひかぬことでも，口で話せばわかり易くて，人の心を動かす力がある」と述べている。
9) 学校での音声言語指導では，明治 5 年 (1872 年) の学制発布時に，「国語科」はなかったが既に「会話科」が設けられていた。明治の音声言語指導の後半では，「話シ方」という語句がみられるようになったが，近代国家にふさわしい国家の施策や言文一致運動などによる「標準語」の問題であった (有働 1999：368)。

は「マ術」なり」（徳川 1949：44）は有名だが，他の関連項目から独立させて「話の間」について説明をしている（徳川 1949：37-44）。また，徳川（徳川 1949：34-35）は，「生れつき大聲の人もあり，小聲の人もあり，強い聲，弱い聲，いろいろある譯わけですが，これは無論，心がけ如何，習練如何で或程度まで直せるものです」と述べ，日常から，「正しく喋る，美しく喋る，強く喋る，と云う心がけ」の必要性について説いている。

　次に，高等教育段階のスピーチ・コミュニケーションに関する先行研究・実践から手がかりを得ていきたい。たとえば，荒木（1993, 1998, 1999）は，桜美林大学における「日本語口語表現法」という授業の意義，指導方法の開発，その成果などについて報告している。この授業では，「話すことの基本的な態度」の養成を第一の目標にし，約20人の少人数制のクラスで，1学期に1週間おきで6回から7回の必修の基礎ゼミとして実施されている。「学生が自らスピーチを行い，友人からのアドバイスをもらい，ビデオカメラに収録された自分自身の話し方をチェックし，自分の声を聴いて分析する作業を通して，学生自身による自己発見型の授業形式」（荒木 1999：78）である。受講生に対するアンケート調査の結果を通して，受講生の苦手意識はなくなり（荒木 1993：146），「授業を履修した学生が回を増すごとに上達する」（荒木 1998：139）などと成果を述べている。稲浦・木庭（2006）は，プレゼンテーション能力育成のための授業を，視覚表現と聴覚表現に分けて，段階的に教育するという方法を用いた授業の報告をしている。その中で，「視覚表現と聴覚表現に分けたことによって，1つひとつの課題で学ぶべきことが明確になっており，じっくりとそれについて学ぶことができたという意見を多く得ることができた」（稲浦・木庭 2006：180）と述べている。平尾・重松（2007a）は，キャリア教育科目において，コミュニケーション能力向上のための「キャリア形成とコミュニケーション」という授業の報告をしている。キャリアに関する自己の明確化，キャリアプランの発表，コミュニケーションの理解（重要性，傾聴），プレゼンテーション発表会などを実践し，コミュニケーションをキャリア形成との関連でとらえている。また，平尾・重

10）サイレント映画の説明者から俳優，文筆業，タレントとして，舞台，映画，放送を中心に活躍し，特に吉川英治作『宮本武蔵』の朗読などで新しい話芸のスタイルを完成させた（三國 1986）。

11）「「話術」ということばは伊藤痴遊がはじめたもの（中略）（増田太次郎『話術の歴史』ことば第三巻第一号）」（大石 1957：15）とされ，これらは商業主義的なものであり，内容は技巧的であった（大石 1957：15）。

松（2007b）は，キャリア形成とコミュニケーションとの関連から，学生にアンケート調査を実施した結果，「観る力・聴く力の得点が高く，質問する力・伝える力の得点が相対的に低いことがわかった」（平尾・重松 2007b：120）と結論づけている。牧野（2008）は，コミュニケーション教育のためのカリキュラムデザインにおいて，理論的枠組みの構築と，カリキュラムの開発などをしている。その内容には，表現・コミュニケーション能力の育成のためのスピーチ演習（牧野 2002）の開発や，プレゼンテーションにおける言語情報と非言語情報の総合的な活用能力の育成を目指した学習者の自律的学習のための学習環境デザイン（牧野 2003）などがある。科学的な分析が困難なコミュニケーション能力育成の分野において，客観的な測定を試みている。

　林（1998），林ら（2001），林・谷口（2001）は，教師や学生を対象としたプレゼンテーション能力向上に関するプログラム開発等を行い，評価を言語，非言語，メディア利用の観点からとらえ，実証研究を行った。その中でも林（1998）の授業者のプレゼンテーション能力に関する事例研究では，授業者のプレゼンテーション能力を評価する観点として，18項目挙げている。「①表情がよい，②服装のセンスがよい，③姿勢がよい，④身振り手振りが適切，⑤感じがよい，⑥気になる癖がない，⑦視線が適切，⑧声の大きさが適切，⑨声質聞き取りやすい，⑩発音が明瞭，⑪間合いが適切，⑫話す早さが適切，⑬イントネーション適切，⑭言葉の癖がない，⑮構成がよい，⑯メディア見やすい，⑰メディア時間適切，⑱メディア種類適切」（林1998：36），である。

　音声表現スキルに関する育成に注目した実践報告もみられる。白井（2003, 2004）は，短期大学における「日本語音声表現法」の指導に関する考察をしている。白井の「日本語音声表現法」では「伝えたいことが届く「声」を出すための基礎的事項を理解させながら，「明瞭な発音で，表情豊かに話す」ための訓練を行って，日本語音声言語での表現力を高めることを目指す」（白井 2003：23）ものである。「これまで意識せずに，自然にやっていたことを理論的に説明され，「表現の技術」という観点からとらえ直す過程で，学生は意欲的に訓練に参加する。音高感覚がすぐれているために，思いがけず表現力が向上して，大いに自信を持つ者も出てくる一方で，音の高低感が呑込めずに苦労する学生もいる」（白井 2004：95）と述べている。笹（2002）は，コミュニケーション能力および自己表現力を高めることを目的に，独話や対話に焦点をおいて，「呼吸練習」「発音練習」など音声表現のスキルに関する内容も含めた授業を行っている。その結果，「次第に自信をつけ，積極的になってい

くようである。「話す」ということが身体感覚の把握から始まると思う次第である」（笹 2002：99）と成果を報告している。

　そのほか，教師のための教育や，医学，看護学，介護福祉学の領域などの専門職に対する教育でも，コミュニケーション能力の育成が展開されている。たとえば，山口大学では，「専門的知識が豊かであってもそれを伝える術が貧しくては決していい授業とはいえない」（日高 1992a：1）とし，教員養成を目的とした「口話表現演習」[12]という授業科目を 1966 年（昭和 41 年）から開設している（日高 1992a：1）。そこでは，取り立て指導として，「早い時期に①話す速さ，②明瞭な発音，③エー・アー・シーなどのムダ語，④語尾の強調（語尾下がりイントネーション），⑤あいまい表現，などについて特に説明を加え」（日高 1992a：9）ている。

---

12)「"口頭で（口で）話す"演習という意味を込めて「口話表現演習」という語をわざわざ作ってこれに充てた」（日高 1992a：2）。

第2章

音声表現スキル育成のための手がかり

　前章では，実社会，特に職業社会に注目してコミュニケーション能力との関連，また音声表現スキル育成に関する実践研究・報告についてみてきた。先述の林（1998）のプレゼンテーション能力に関する評価観点には，非言語的な側面が多くみられた。また，笹（2002）や白井（2003, 2004）は，音声表現スキルに注目しての育成を実施していた。音声表現スキルの育成によって自信などを持つ学生がいる（白井2004）など，音声表現スキルの学習を通してコミュニケーションが変わることが考えられる。しかし，実社会から大学生にコミュニケーション能力の育成が求められていても，大学等は，アナウンサーなどの話の専門家を養成する機関ではないため，話の専門家養成と同じ教育をすればいいというものではない。また，音声表現スキルの育成については，方言や個性ともかかわり，指導側にとっても，学習する側にとってもわかりにくく，何をどのように育成していくのか扱いが困難である。そこで，本章では，音声表現スキル育成の手がかりを得るため，音声に注目し，効果的なコミュニケーション，音声表現に関する訓練，そして，大学生の音声行動の傾向をみていきたい。

1 効果的なコミュニケーションに関する議論

■ 1-1　感情と音声

　まずは，感情と音声との関連についてみていく。

　アメリカの心理学者，マレービアン（1986：98）は，知覚される態度を，次の公式で表している。

感情の統計＝言葉による感情表現＋声による感情表現＋顔による感情表現
　　　　　　　　　（7%）　　　　　　　（38%）　　　　　　　　（55%）

　これは，マレービアンが，「「非言語[1]コミュニケーションは無意味」という伝統的俗説が偽りであることを示」（リッチモンド・マクロスキー 2006：2）すために行われた実験の結果である。しかし，「後に多くの研究者たちがこれを過剰解釈した[2]」（リッチモンド・マクロスキー 2006：2）。ナップ（1979：144）が，「実験の方式によって制約を受けていることは言うまでもなかろう。（中略）このような公式に対しては（中略）批判があろうが，操作された音声の手がかりの及ぼす影響力は非常に大きいようである」と述べている通り，マレービアンの研究は，コミュニケーションにおいて，表情や音声などの非言語の重要性を示したと言える。また，バードウィステル（Birdwhistell 1970：157-158）は，会話や対話において，ことばによってもたらされるものは，30%から35%であることを述べている。さらに，ザッカーマンら（Zuckerman, et al. 1982：355）は，実験から，他者を騙している場合は，聴者は顔の表情（face）よりも，音声（tone of voice）から判断する可能性が高いことを明らかにしている。さらに，荘厳（1986：87）は，これまでの研究知見から，「一般に，音声情報だけからそこに表出されている情動を判断しようとする時，愛情や幸福のようなポジティブな内容を表出したものより，怒りや恐れなどのネガティブな内容の方が，より伝達されやすい」と述べている。
　ナップ（1979：158-159）は，手に入る情報から，聴者の敏感さと音声の手がかりとの相関関係について次のとおり推察している。

　　（a）他人の言語的情緒表現に敏感な聞き手は他人にも正確に情緒を表現でき，自分自身の声による感情の表現を認知できるようである。（b）情緒を声で正確に表現できる聞き手は顔でも情緒を正確に表現できるようである。（c）敏感な聞き手は，聴覚的区別ができるに違いない。（d）敏感な聞き手は何か抽象記号能力（abstract symbolic ability）を持っているに違いない。（e）声で表現された感情に敏感な聞き手は，情緒表現の声の特徴を知っているに違いない。（f）敏

1）ここでの「非言語」は，音声の形式的側面を含め，身体動作，プロクセミクスなども含めている。
2）マレービアン（1986：98）自身も，「この等式中の数値は近似値にしか過ぎない」と述べている。

14

感な聞き手は言語性知能のテストでいい点を取るはずである。(g) 音声の手がかりに敏感な聞き手には，一般知能は利点であるが，I.Q. が高いからといって情緒的敏感さがあるとは限らない。(h) 敏感な聞き手は声で伝えられる広範囲の情緒表現にさらされてきたのに違いない。

また，リッチモンド・マクロスキー（2006：115）は，音声手がかりと感情表現に関するこれまでの研究では，一貫して次の5つの結果を示していると述べている。

1. 否定感情は肯定感情よりも正確に識別される。
2. 音声における感情を識別する聞き手の能力は，話し手が自分の声に感情を符号化する能力の影響を受ける。
3. 自分自身の感情をモニターし，統制する人は音声手がかりを通じて他人の感情をうまく識別できる。
4. 自分と同じ文化圏の人と話す場合，さまざまな音声表現を識別することは容易である。
5. 微妙な感情を検出することはむずかしい。

日本では，重野（2003）が，感情の認知について日米間の大学生で比較検討している。その結果，「日本人はアメリカ人よりも音声の感情表現により敏感である」（重野 2003：8）と考察している。また，「日本人は感情表出が控えめではあるが，音声による感情表現にはより敏感であることが示唆された」（重野 2003：8）と述べている。さらに，重野（2004）は，音声と顔の表情の間で感情が矛盾している場合（不一致条件）についても日米間の大学生で比較検討している。その結果，「自分と同じ文化に属する話者の場合には，音声と表情の間で矛盾した感情表現をされた場合であっても，表情だけではなく音声の感情にまで注意を向け，より多くの情報から相手の感情を判断しようとしている」（重野 2004：25）と考察している。

このように，感情は音声から伝達される可能性が高く，特に，肯定的な内容よりも否定的な内容の方が，より聴者に伝達されるという研究結果がみられる。また，音声における感情を識別する聞き手の能力と自分の音声に感情を符号化する能力の関連や，自分自身の感情をモニターし，統制する人は音声手がかりを通じて他者の感情を識別できることが示されている。さらに，アメリカ人よりも日本人の方が音声を手がかりとして感情認知していることが述べられている。すなわち，感情と音声のか

かわりは強く，自分の声に感情を符号化したり，感情をモニターし統制したりする能力の向上は，対人コミュニケーションに肯定的な効果をもたらすことが期待される。

■ 1-2　身体と音声

本項では，身体と音声の関連についてみてみたい。有名な学説にジェームズ＝ランゲ（James-Lange）説[3] がある。この説から，シーグマンらは，感情と音声行動と生理的反応は相互作用があるという研究成果を得ている。たとえば，怒りを喚起し，「発話速度と声の大きさが増すと，血圧や心拍，カテコールアミン（ストレスを感じたときに増えるといわれる体内の化学物質）の増加を引き起こし，これがさらに速く大声で話すことの原因となり，このことがまた生理的喚起を高める」（菅村・岩田 2002：164）。このように，怒りなど否定的な感情によって，音声や生理反応に影響があり，さらに怒りの感情の増加とともに，音声や生理反応に影響を及ぼすなど悪循環となる。菅村・岩田（2002：175-176）は，シーグマンらの研究結果を受けて「スピーチを控えた不安な場面でも（中略）実際にゆっくりと穏やかに声に出して言ってみるというのも効果的ではないか」と推察している。

なお，武田ら（2002）は，日本語音声における「怒り」を表現する韻律的特徴の解析をしている。その結果，「平常時に比べ，怒りの感情をもって発話する場合には平均発話速度は増大し，「激怒」では逆に通常の「怒り」時より遅くなるという傾向」（武田ら 2002：567）を示している。

また，ハットフィールドら（Hatfield et al. 1995）は，ダーウィンの感情の一部は表情フィードバックによって影響されるという仮説などから実験を行った。その結果，感情は音声フィードバックに影響されることや，音声フィードバックは，肯定的な感情（joy や love）よりも，否定的な感情（anger や sadness）に，より強く明確に影響されることを明らかにした。

感情や身体と音声行動が関連することや，音声フィードバックが，特に否定的な感情に，より強く明確に影響されることについて認識することは，他者との肯定的なコミュニケーションにおいて意義あることと思われる。

3）「従来は一定の刺激に対して情動の意識が生じ，その後に身体的変化が起こると考えられていたが，ジェームズ（James, W.）は逆に刺激が与えられると反射的に身体的変化が生じ，その変化の知覚によって情動が生ずると主張した」（柴山 1987：79）。そして，「悲しいから泣くのではなく，泣くから悲しいのである」という言葉と共に James-Lange 説として有名になった（加用 2005：75-76）。

■ 1-3　印象と音声

　次に，音声による印象についてみていきたい。アメリカでは，低い声は高い声に比べて洗練されていて魅力的などの理由から，セールスマン，アナウンサー，弁護士などの大勢の人が低い声を熱心に真似しようとしている（ナップ 1979：147）。日本では，音声は「意識されていない」（春木 1993：14）という指摘の通り，音声がアメリカほど意識されているとは考えにくい。しかし，重野（2003：156）が日本人はアメリカ人よりも音声の感情表現に，より敏感であることを述べている通り，無意識下で，音声が話者の印象に影響していることが考えられる。

　1）性格と音声

　音声手がかりから他者がどのように話者の性格を知覚しているのか検討している代表的な研究の1つにアディントン（Addington 1968：492-503）がある。アディントンは，音声手がかりが一貫したステレオタイプ的な性格判断を生み出すか検討するため，音声に表れる次の9つの性質を確認した。息漏れ（breathiness），か細さ（thinness），平板さ（flatness），鼻音声（nasality），緊張性（tenseness），かすれ（throatiness），明瞭さ（orotundity），速度（rate），ピッチ変化（pitch variety）である。
　リッチモンド・マクロスキー（2006）は，この Addington の知見を要約している。ここでは，特に音声表現スキルの育成に関連があると考えられる内容について，リッチモンド・マクロスキー（2006：116-118）の要約を引用する。

　か細さ

　　通例，男性の場合の声のか細さは，特定の性格判断とは関連づけられないように思われる。しかしながら，女性の場合，（中略）社会的かつ身体的に未成熟であると見られがちである。また，彼女たちは感情的かつ精神的に未成熟であると認識される。一般的に，これらの未成熟という認識は，否定的な判断であると考えられる。しかしながら，女性の声におけるか細さは2つの肯定的な認識，ユーモア感覚と感受性の高さとも関連する。

　平板さ

　　平板な音声は男女を問わず，同じ認識と関連づけられがちである。音声の平板さは男らしさと気だるさという認識を生み出す傾向にある。さらに，平板な音声を持つ人たちは，より冷淡で，より内向的であると見なされる。（中略）

　緊張性

もしあなたが喉と首のまわりの筋肉を緊張させると，話すにつれ，声に負担をかけていることに気づくだろう。音声の緊張は他者が人について行う判断とも関連することが知られてきている。アディントンの研究では，男性は一般的に，緊張した声の場合，より年長に見られた。さらに，彼らは会話においてほとんど譲歩しないと認識された。これに対して，女性は（中略）より若くて，感情的で，女性的で，神経質であるという認識を引き起こしがちであった。また，緊張した声の女性は知性が低いと見みなされた。（中略）

明瞭さ

　この性質は音声の頑健さ，明瞭さ，強さを示す。高らかな声の男性は精力的で，より洗練され，興味深く，誇りを持ち，熱心で，芸術的であると認識された。（中略）表情豊かで，開放的で，美的に駆り立てられているというものである。（中略）頑健で力強い声を持つ女性は，より社交的で，より生き生きとし，美的に敏感であると見みなされた。しかしながら，アディントンによれば，彼女たちはユーモアがなく，誇り高いとも認識された。

速度の増加

　アディントンの研究は，話速の増加が男性であっても女性であっても，同じ認識を生み出す傾向にあるということを示した。基本的に，話速の速い話し手は遅い人と比べて，より快活で，外向的であると見られた。（中略）話速の増加は肯定的な認識と関連するように思われるので，社会的に望ましい音声行動の特徴となる。話速の増加が話し手の有能さや信頼性という認識と関連することに着目している研究もある。（中略）

ピッチ変化の増大

　アディントンの研究における判断は，ピッチの変化が男性らしい行動ではなく，むしろ女性らしい行動であると特定した。（中略）ピッチ変化を使用する男性はダイナミックでなく，男らしくなく，美的傾向があると認識されることを示している。女性はよりダイナミックで，外交的であると見られた。

　日本語音声については，たとえば，内田（2005b, 2006）が，音声中の抑揚の大きさや変化パターンが話者の性格印象に与える影響について検討している。内田（2006：43）は音声中の基本周波数を操作し，抑揚の変動幅とパターンを変換した結果，「音声から想起される話者の人物像を還元的に表現できる可能性が示唆された」と考察している。

欧米での結果は，日本での性格印象とは異なる可能性があるものの，アディント
ン（Addington 1968）や内田（2005b, 2006）の通り，音声が性格を印象づけている1
つであると言えるだろう。

2）魅力と音声

ザッカーマンとドライバー（Zuckerman & Driver 1989）は，音声の魅力の影響を調
べた結果，魅力的な音声で発話した人はそうでない人と比べて好意的に（favorably）
評価されていた。

川本（2000）は，一般話者やアナウンサーの「好まれる音声」について，心理的特
徴と，音響的特徴に分けて検証している。その結果，一般話者の心理的特徴は，は
っきり（明瞭さ），迫力間の低さ，穏やか・落ち着きにあり，音響的特徴は，比較的
高い平均基本周波数[4]や明確な移動のある基本周波数であった。また，アナウンサ
ーの心理的特徴は，低い音声，はっきり（明瞭さ），穏やか・落ち着き，力強さ・太
さであった。そのことから，川本は，一般話者は「構音[5]のはっきりとしたイメー
ジが好ましさにつながる」（川本 2000：137）とし，アナウンサーは「訓練を受けた
プロであることから，構音様式の違いは大きなものとは考えられない」と考察して
いる。また，「好ましいイメージを感じる重要な判断材料は，「落ち着いた−けばけ
ばしい」「穏やかな−騒々しい」「深みのある−粗野な」などの感情要素であった」
（川本 2000：137）[6]と考察している。

キンブルとサイデル（Kimble & Seidel 1991）は，自信（confidence）と声の大きさ
（vocal loudness）および反応の速さ（response latency）について研究を行い，話し手
の自信は，声の大きさと応答の速さから推測されていることを明らかにした。

このように，魅力的な音声は，好意的に評定される可能性がある。また，特に一
般の話者の場合，話し方が明瞭で迫力感が低く，穏やかで落ち着きのある話し方が
好ましく，音響的には比較的高く明確な移動のある基本周波数が好まれていた。さ

4）声帯が1秒間に開閉する頻度を音の基本周波数（fundamental frequency・FO）という。
　　基本周波数の平均値は，男性が125Hz，女性が200Hz，子供は300Hzであろう（今石
　　2005：4-6）。

5）構音（articulation）：声帯から唇に至る音声器官の形状を変えて個々の言語音を作り出
　　すこと。音声学では「調音」という。

6）川本（2000：61）は，一般の「好まれる音声」の心理的特徴として「成人音声に比較し
　　て，子供音声がより好まれる」「成人音声においては，男声に比較して女声が好まれる」
　　ことも示している。

らに，大きな声で速い応答によって，自信があると判断されている可能性がみられた。自信があるようにみえることが好ましいと判断されるかは議論の余地があるかもしれないが，音声行動が好ましさや自信に関連していると言える。

3）効果的なコミュニケーションと音声

さらに，音声による効果的なコミュニケーションについてみてみたい。シャルチエ（Chartier 1974：125-128）は，効果的なコミュニケーションのためには，自己概念（self-concept）[7]，傾聴（listening），表現の明確さ（clarity of expression），怒りの感情への対処（coping with angry feelings）と自己開示（self-disclosure）の5つの要素が大切であると述べている。

リッチモンド・マクロスキー（2006：120-121）は，説得について，音声行動がきわめて重要な役割を担うことに言及している。たとえば，話速が有能性，専門性，知性といった認識としばしば関連すると述べている。

また，リッチモンド・マクロスキー（2006：121-123）は，コミュニケーションでの音声使用に関連する研究と理論を整理し，次の6つの音声性質が，説得力のある話し手になるための能力に影響すると考えられると述べている。①音量コントロール（volume control），②話速（faster rate），③ピッチの使用（use of pitch），④明瞭な発音（good articulation），⑤流暢さ（fluent），⑥効果的な休止（effective pauses）。

このように，効果的なコミュニケーションには，シャルチエ（Chartier 1974）のいう音声行動による表現の明確さと怒りの感情への対処が関連している。また説得について音声行動が重要な役割を担い（Richmond & McCroskey 2006），音声表現スキルが関連していることも考えられる。以上の通り，音声は，わかりやすさだけでなく，他者への印象にも関連し，効果的なコミュニケーションにおいて重要な役割を担っていると言える。

2 音声表現の育成内容に関する議論

本節では，アナウンサーなどの話の専門家養成のための基礎訓練項目を参考に，音声に関する社会的な印象や評価などの研究知見をみていきたい[8]。

7）自己概念とは，「自らの性格，能力，身体特徴などに関する認知および信念の総体をさす」（外山 2009：4）。

■ 2-1　姿　勢

　姿勢は発声に影響するため大切な基盤とされている。佐々木（1993：144）は，発声時の正しい姿勢を「自然な姿勢」とし，次のように説明している。

　　ふっと力を抜いた上半身を，腰を中心とした下半身に自然に任せるような状態。そして身体の重心があたかも地球の中心線に重なる感覚。柔軟な膝。身長を2cm ぐらい伸ばすような背筋の軽い緊張。

　不自然な姿勢でよい発声は難しく，姿勢を正すように促すと肩に力が入るなど緊張が伴う傾向がみられる。まずは自然な姿勢を作る必要がある。

■ 2-2　呼吸法

　呼吸法として一般に優れているとされている方法は腹式呼吸である。そのため，アナウンサーや声楽家などの専門家養成において腹式呼吸の訓練が行われている。しかし，「呼吸保持についてはまだ確固たる規定がなく，指導者や声楽家のそれぞれ独自の解釈によって，各自合理的と思われる方法がとられ」（酒井 1990：44），指導者による主観的な方法により行われている現状にある。呼吸法習得の練習は「その成果がすぐに結果として現れるものではない」（佐々木 1993：145）。虫明・秋山（1994）による民間のアナウンサーに対してのヴォイストレーニングでは，3ヶ月の訓練で成果が確認されている。したがって，発声の訓練経験のない一般の大学生が短時間の訓練で習得するのは困難である。

■ 2-3　明瞭な発音

　発音は，肺から空気や声が口や鼻から外に放出されるまでの過程で，舌や唇などの様々な部分を変化させることで言語音を出している。酒井（1990：22）は，日本人の言語（日本語）がわかりにくいと評価される原因の1つとして，子音を明確に発音しないことを指摘し，ことばの明確な表現は子音にあると述べている。早口ことばは，発音に大切な舌の運動に役立つため，「わざわざ言いにくい音の組み合わせをつくって，脳からの指図と音をつくるための調音運動とを混乱させる遊び」（杉藤

8）本研究は，対象が主に日本語母語話者である大学生であるため，日本語の音の産出や調音の方法などについては，検討項目に入れていない。

2003：125）として，アナウンサーなど話の専門家養成のための訓練によく利用され
ている。明瞭な発音は，聞き取りやすさに関わり，一般の学生にとっても遊び感覚
で取り組める早口ことばによる練習は，学習内容として導入が容易であり，効果が
期待される。

■ 2-4　ガ行鼻濁音

　ガ行鼻濁音は，「語頭以外のガ行音が通鼻音化した音」（古瀬 1999：315）である[9]。
ガ行鼻濁音は「聞いた感じがやわらかく，ゴツゴツした印象がなく，話しぶりがな
めらかに聞こえる」（秋山 1985：49），「上品だから，優しさを感じさせるから」とい
う肯定的評価がある一方で，「鼻にかかっていて気持ち悪い，すっきりしない，聞き
苦しい」などの否定的評価がある（湯澤・松崎 2004：17）。井上（1998：167）は「聞い
た人の感じ方が違う。その人本人がもつかどうかに左右されるようだ」とし，「鼻濁
音を使う人はこれを美しいと答えるが，使わない人は否定的にとらえる」傾向につ
いて述べている。また，「ことばの規範としては，ガ行鼻濁音を保持するのが正しい
日本語の発音とされていたが（中略）放送でもほとんど聞かれない」と説明している。
　鼻濁音を使わずとも「意味の区別に困難をきたすわけでもない」（井上 1998：166），
また図 2-1 にもみられるが，「出身地域によって意識の上で大きなばらつきのある
ガ行鼻音を，一律に教育し，徹底していくことには疑問を感じる」（出野 2002：29）
という意見もある。そうだとすると，本研究における訓練（学習）プログラムで，ガ
行鼻濁音に関する学習の優先順位は低いと思われる。

9）秋山（1985）は，『NHK　アナウンス・セミナー』で，共通語ガ行鼻濁音のきまりとし
　て，次の場合に鼻濁音化すると述べている。「ⅰ．語中・語尾のガ行は原則として鼻濁
　音化します。（中略）ⅱ．～がという格助詞や接続助詞は必ず鼻濁音化します。（中略）
　ⅲ．外国語・外来語の中で，日本語化した語・ンのあとにくるガ行などは，鼻濁音化
　する傾向にあります。また原音で鼻音のものも鼻濁音化の傾向があります。（中略）ⅳ.
　数詞の「五」の中でも，熟語としてなじんでいることばや，数をかぞえる本来の意味か
　ら転化して，人名などに使われるようになったもの（中略）ⅴ．もともと清音で発音さ
　れているものが，複合語になって濁音になる，いわゆる連濁は鼻濁音になります」（秋山
　1985：49-50）。また，濁音に発音し，鼻濁音化しないものとして，次の場合を挙げてい
　る。「ⅰ．語頭にあるガ行音（中略）ⅱ．外国語・外来語は原則として語頭ばかりでは
　なく，語中でも濁音のまま発音されることが多い（中略）。ⅲ．数詞の「五」は語頭の
　ほか，語中・語尾でも，原則として鼻濁音化しません。（中略）ⅳ．軽い接頭語のあと
　のガ行音や接頭語に近い用い方の語などは，鼻濁音化しない傾向があります。（中略）
　ⅴ．擬声語，擬態語，同じ語の繰り返し」（秋山 1985：51-52）。

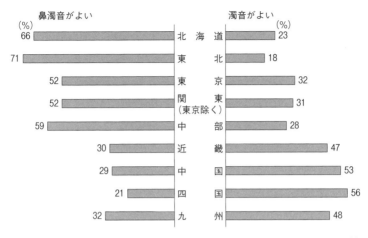

図 2-1　鼻濁音と濁音：どちらがよいか（言語形成地別（小学生のとき住んでいたところ））

（文研・世論ことば調査グループ 1980：3）

■ 2-5　母音の無声化

　母音の無声化とは，発音の口構えだけを残して実際は声帯に振動が生じない現象である。母音の無声化について，前川（1989：143）は，話者の出身地や年齢，性別あるいは精神状態など，社会的意味を伝達する機能が認められると述べている。また，母音を無声化することで，ことばの歯切れのよさ，なめらかさなどを伴う利点がある（秋山 1985：52）という意見もある。しかし，図 2-2 の通り，北海道，東北，関西などでは無声化が目立たず，「地域によっていろいろな形で行われている発音現象」（秋山 1985：52）であり，「日本語の音声によるコミュニケーションを考えた場合，必要不可欠のものではない」（前川 1989：139）。そのため，本研究の訓練（学習）プログラムでは，母音の無声化に関する学習の優先順位は低いと思われる。

■ 2-6　アクセント

　日本語のアクセントは，英語のように強弱のアクセントと違って，高低のアクセントであり，共通日本語[10]においてこのパタンは語ごとに決まっている。しかし，「同じ意味なのに，複数種のアクセントが許容される語も多い。（中略）要するに「アクセントが違えば必ず意味が違う」，というわけでもないのである。日本語のアクセントの同音語弁別[11]力はかなり弱く，柴田武・柴田里程の計算結果によれば，中国語の 71.00％に対して，日本語は 13.57％程度しかない」（湯澤・松崎 2004：115）。

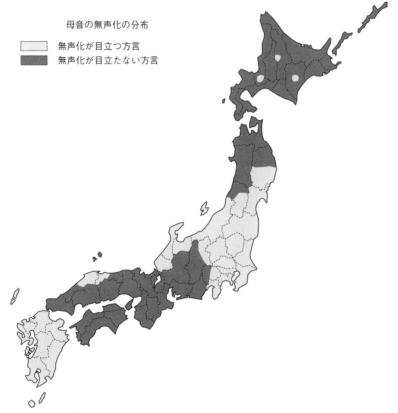

母音の無声化の分布

| | 無声化が目立つ方言 |
| | 無声化が目立たない方言 |

図 2-2　母音の無声化の分布（NHK 放送文化研究所 1998：169）

またアクセントには地域差があり[12]，また，若者を中心に「アクセントの平板化現象」がみられることはよく知られ[13]，年齢差もみられる（図2-3）。アクセントは単

10）戦前は，標準語一辺倒・方言撲滅の思潮があった。戦後は，「全国一律の美しい言葉としての「標準語」は現実には存在しないものとされ，教育の現場では「標準語」ではなく「共通語」を使うことが奨励された」（井上 1985：39）。同時に放送においても「リアリティーの方を優先」させ，放送の職業的送り手でさえも「方言色が豊か」になってきた（井上 1985：40-41）。

11）「蛙」と「帰る」，「橋」と「箸」のように同音語が区別される機能のことを，弁別機能と呼ぶ（湯澤・松崎 2004：113）。

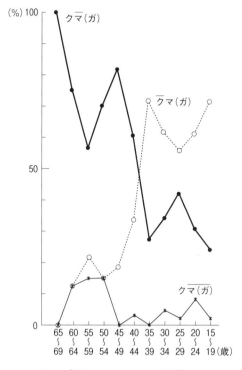

図2-3　東京での「熊」のアクセントの推移 [14]（林 1987：324）

語の区別に関連するが，おおかた文脈から意味が理解できると考えられる。したがって，一般の学習者のアクセントに関する内容の学習の優先順位は低いと思われる。

■ 2-7　イントネーション

　イントネーション（intonation）は，抑揚とも呼ばれ，話しことばの中で生じる声の高さの時間的変化をいう。「イントネーションは単語の組合せだけでは表せない

12）たとえば，「北関東から東北南部にかけてと，九州の一部では，（中略）話者がアクセントの高低の関係を知覚し区別することがない」（湯澤・松崎 2004：113），「無アクセント方言」の地域がある。

13）代表的なものに「彼氏」がある。

14）図2-3は，南（1981：189）の表4-19「クマ（ガ）」のアクセント（東京出身283人，年齢別）に基づき，林（監）（1987）によって作成された。

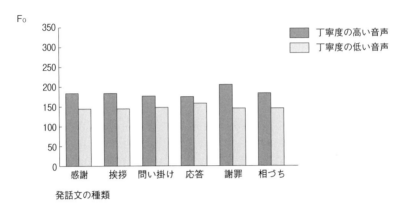

図 2-4　基本周波数の平均値の比較（男性）(洪 1993：21)

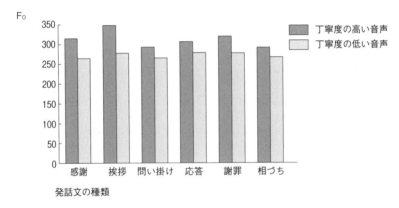

図 2-5　基本周波数の平均値の比較（女性）(洪 1993：21)

ような意味を表すが，それは「文法的機能」「情緒的機能」「社会的機能」などに分けられる」（郡 1997：169）。また，「イントネーションは談話全体を支配する音声表現的（paralinguistic）な現象として，話し手の心的態度，感情，丁寧さ，心理的距離などを表示する」（井上 1994：2）。

　イントネーションにきまりはなく，その内容の表現にふさわしいかで決まる。「日本語の共通語の場合，ピッチパターンが「へ」の字のように推移し」（今石・上斗 2005：57），「基本的には，論理を説明する論理的イントネーションは，上から下へと自然に下が」る（石野 1996：38-39）。

　ピッチ（pitch）[15] 構造に注目した印象形成の研究において，「「明るい」口調は，よ

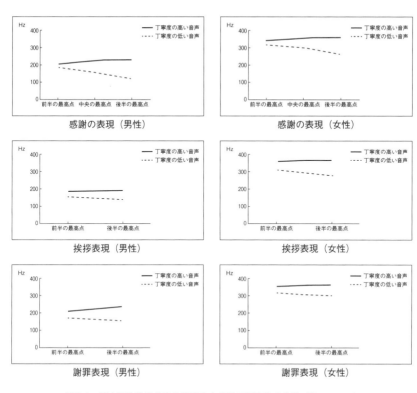

図2-6　基本周波数の前半の最高点と後半の最高点の比較（洪 1993：22）

り肯定的な印象を，「ぶっきらぼう」口調では，否定的な印象」（佐野 2000：67）という知見がある。また，洪（1993）は，発話文の丁寧度の高い音声と低い音声による基本周波数の比較をし，「丁寧度の高い音声が丁寧度の低い音声より基本周波数が高くなっている」（洪 1993：21）ことを示した（図2-4，図2-5）。さらに，丁寧度の高い音声は前半より後半に若干ピッチの高さが上昇しているか維持するかのいずれかであり，「話し手の心的態度はピッチの変動によく表れるし，特に前半のピッチよりは後半のピッチによく反映される」（洪 1993：.23）と結論づけている（図2-6）。

　井上（1993, 1994, 1997, 1998）は，若い世代のイントネーションにみられる「尻上

15）「人間が知覚する音の高低の感覚。音声の研究では有声音の基本周波数をピッチ周波数ないしは単にピッチと呼ぶことがある」（田窪ら 2004：231）。

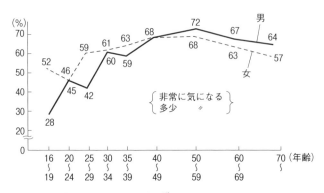

図 2-7　語尾を伸ばす口調についての感想 [16]（文研・世論ことば調査グループ 1982：328）

がり」イントネーションについて社会言語学的に言及している。「尻上がり」イントネーション [17] とは，「それでェ」「わたしがァ」のように音節が延ばされて表記されることが多い（井上 1994：3）。井上（1993：178）の調査によると [18]，「尻上がり」イントネーションは，印象として，「幼い」「甘い」「軽薄」「かわいい」と結びつき，「丁寧」「知的」「説得的」とは結びつかず，印象もよくないという結果であった。

　文研・世論ことば調査グループ（1980：2-8）による「尻あがり」イントネーション（語尾を伸ばす口調）についての感想の調査でも同様に，不快感を抱く人も少なくないという結果であった（図 2-7）。

　なお，井上（1998：188）は，「昇降調」は「自分で使っているのに，気づかない，それと意識しない（できない）人がいる」と指摘している。聞き手によってはそれが気になる人がいるため気付くようにしていく必要がある一方で，話し手が，自身の「昇降調」が気になり，他者とコミュニケーションをとるのをためらう恐れがあるため，指導にあたっては注意が必要であるだろう。

　他にも半疑問イントネーションといわれる「単語の最後を上げて一呼吸おくしゃ

16）図 2-7 は，文研・世論ことば調査グループ（1980：3）「図 1　若い人の話し方の調子（男女年齢別）」が初出。
17）井上（1994：4）によると，「尻上がり」イントネーションという名称は，研究者によってさまざまに提案され，大勢が一致しないとされる。たとえば，「尻上がり」「女子大生口調」「若者のイントネーション」「若者イントネーション・語尾伸ばしの口調」「語尾上げ語尾のばし」「拍伸ばし高降調」「語尾をのばすしゃべり方」「語尾のばし口調」「語尾をあげる喋り方」などである。
18）「尻上がりイントネーション」のテープ聞き取りによる実験。

べり方」（井上 1998：189）がある。たとえば自分のことなのに「私が，いちご？を食べたらね」のように言う場合である。米川（2001：101）はこの表現方法について，「相手との距離を置いて，自己主張を和らげ，生意気だと思われないようにする話し方と考える」と述べている。米川の考えに従えば，話者にとって，むしろ聴者に配慮しての音声行動である。しかし，前述の「尻上がり」イントネーションとあわせて，「目上の人に乱用すると，なれなれしい印象を与えたりする」（井上 1998：194）という意見もある。井上（1998：ⅰ）が，『日本語ウォッチング』において「この本では，ことばはいつも変わるものと見る」と述べているが，音声行動も変化し続けていることが考えられる。なお，この「半疑問イントネーション」については，一時期と比較すると減少傾向にあり，2021 年時点では，ほとんど聞かなくなっている。

　このように，語尾や句末のイントネーションから，話者の感情が聴者に認識され，丁寧さや知性などの印象にもかかわるため，知識，スキルとともに，心的態度に関しても留意していくよう学習していく必要があるだろう。

■ 2-8　プロミネンス[19]

　ものごとをはっきり伝えるために，話しことばの一部分を強調することはよく行われている。その方法をプロミネンスと呼ぶ。プロミネンスの方法には，①そこだけ高くする，②そこだけスピードを落とす，③その前後にポーズを入れる，④そこだけ声の大きさを変える，⑤そこだけ発声を変える（たとえば，ささやき声にする），などがある（斎藤 1997：143-146）。プロミネンスは，話者の意図した通りの意味伝達において重要である。

■ 2-9　発話速度

　発話速度については，時代の流れにより，早口化の傾向が確認できる。

　　NHK のアナウンス室の調査によると，戦前の「開戦の臨時ニュース」（一九四一年一二月）「学徒出陣ニュース」（一九四三年十月）のそれぞれの読みの速さは，分速で二百七十二字，二百六十九字だったとのこと。それが，ほぼ五十年後の一九九二年の調査になると，「ニュース 21」のキャスターは，三百五十六字，

19）卓立強調，対比強調と呼ぶ場合もある。また，数量や程度に関係のある語で意味そのものを強調する場合は，インテンシティーまたは強度強調という（斎藤 1997：146）。

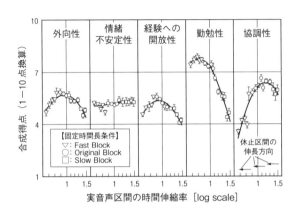

図2-8　実音声区間の時間伸縮率と話者の性格特性印象の平均と *S.E.* (内田 2005a：8)

「モーニングワイド」のキャスターは，二度調査をしたところが，四百三字と
三百五十六字だったとのことです。同年の民放の「ワイドショー」のキャスタ
ーは，二度の調査で五百六十一字と五百字でした。(金澤 1996：26)

このように，徐々に発話する文字数が増加傾向にあり，時代とともに発話の加速傾
向が確認できる。一般の発話速度は，マスメディアに影響されている可能性が高く，
マスメディアでの発話速度の変化とともに，一般の発話速度感覚も変化していくこ
とが考えられる。

　内田 (2000, 2002, 2005a) は，実音声区間 [20] の時間の長さは，性格印象や自然なわ
かりやすさに影響していることを明らかにしている。まず，性格特性の印象は，図
2-8 の通り，「実音声部の発話速度が変わると，(中略) 情緒不安定性を除いて，それ
ぞれに逆 U 字型の変化パターンを示し」(内田 2005a：8)，特に，勤勉性と協調性が
発話速度によって性格特性の印象が影響を受けていた。勤勉性の印象は，「速い発
話で評価が高く，発話がゆっくりになると，評価が急激に低下する」(内田 2005a：
8)。一方，協調性は，その逆で，「速い発話で評価が低く，ゆっくりになるにつれて，
評価が上がり，さらに遅くなっても評価はそれほど低下しない」(内田 2005a：8)。

　プロミネンスや発話速度は，聞き手のわかりやすさだけでなく，性格に関する印

---

20)　「この実音声区間は，実際に声を出して話をしている部分であり，その時間長の伸長は
　　ゆっくり発声することに，短縮は早口で話すことに対応」している (内田 2005a：8)。

象にも影響を与えている点からも，職業生活ではもちろん，他者との発話において配慮していくべき重要項目であると言えるだろう。

■ 2-10　話の間（ポーズ）

　音声には情報のある時間と情報のない時間があり，間（ポーズ）とは，情報のない時間のことである。杉藤（1989）が実施したテレビニュースのアナウンサーと座談における聴取実験で，「分かりやすい」「説得力あり」などの項目で高得点を得たアナウンサーの話の特徴は，「発話節が短く，ポーズの回数が多い」（杉藤1989：352）というものだった。また，これに，間（ポーズ）を全て切り取って聴取実験を行った結果，聴者は，「ポーズを除いた音声を聞いた人々はニュースの内容をほとんど記述することができない」（杉藤1989：359）。それだけでなく，「ニュースがあまりに早口であり，その上複数の人が一度にしゃべるからわからない」（杉藤1989：360）という感想だったという。このように，同じひとりの話者の発話であっても，「間（ポーズ）」の有無によって，聴者の理解に大きく相違があることがわかる。

　中村（2002）は，音楽やスピーチにおいて丁度よいと感じられる「間」の長さを調べる実験から，「間」の長さが多様であっても規則性があること，また，「間」の長短，適・不適が心理的にどのような効果を及ぼすか調べる実験から，発話部分の速度は同じでも「間」の短縮によってスピーチ全体のテンポが速い印象を与えていたことを述べている。

　小森（2001）は，スピーチや朗読における間の最適な時間長を決定する要因を検討した結果，文章構造の深い境界[21] において，最適時間が長く，「文の重要性も間の最適時間長に影響を及ぼすことが示唆された」と述べている。また，間の時間長が情報伝達において担う役割について検討した結果，わかりやすく話すためにはゆっくり話すことを考えるが，必ずしもそうではなく，「音声部分の延長以上に間の部分を延長していた。（中略）文章構造や，文の重要性が間の時間長に反映されていることによって，スピーチは「わかりやすく」なることが示唆される」と考察している。

　このように，話の間（ポーズ）は，話のわかりやすさに大きく影響することから，極めて重要であると考えられる。

21）小森（2001：137-138）は，この研究における「文章構造」について「文章において，意味的なつながりの強い複数の文は，文群を形成し，さらにその文群は，意味的につながりの強い他の文や文群とともにより大きな文群になる。そして，最終的には内容的にまとまりのある一つの文章を形作る」と説明している。

本章では，これまで音声表現スキル育成のための手がかりとして，効果的なコミュニケーションや育成内容について概観してきた。では，大学生の音声行動にはどのような特徴があるのだろうか。本節では，大学生の音声表現スキルを育成していくために，まず音声行動に関する諸議論を整理し，次に社会人との比較を通して，大学生の音声行動の傾向をみていきたい。

■ 3-1 大学生の音声行動に関する議論

本項では，音声表現の訓練（学習）プログラム設計において参考となると考えられる話し方の傾向（問題点）についての指摘を整理したい。

杉澤（1992：32）[22] は，アナウンサーを採用する場合，共通語の正確な発音，アクセント，鼻濁音などの採用の条件を満たす学生は1割にも満たない背景として，次のように指摘している。

> 発声，発音で，より重大なことは，男女を問わず，学生の多くが，声そのものが弱く，しかも，わざわざ不明瞭にするような声の出し方が流行していることである。自分の意見が，相手に正確に伝わることを恐れているような話し方と言える。また，女子学生では，幼児発声の人が圧倒的に多い。

音声表現に対して比較的意識が高いと考えられるアナウンサー志望の学生でさえ，前述のような指摘がみられる。一般の大学生では，さらにその傾向が強いことが考えられる。

日高（1992b：3）は大分大学教育学部で行われている「口話表現演習」の授業実践による観察を通して，大学生の話し方に見られる傾向と問題点として，次の8点を挙げている。

①全体に，早口の傾向がある。
②発音の不正確，不明瞭な者がいる。
③エー，アー，ンー，などのムダ語が頻出する者がいる。

22）元 NHK アナウンス室長。

④語尾を不自然に強調した，聞きにくい話し方が蔓延している。

⑤きちんと言い切らない，ことばを濁したあいまいな表現が非常に多い。

⑥ことばの使い方が間違っている。

⑦話の素材の選び方がまずい。

⑧話の組み立て方に問題がある。

　短期大学の秘書科で話しことば教育の実践指導をしている今村（1994：2）は，短期大学生の話し方の主な問題点として，次の４点を挙げている。

①発言を求められた場合などに，完結した物言いをしない。言い切ることをせず，中途半端なまま言いさして，結局，聞き手のフォローに頼むという傾向。

②声が小さく，教壇，また教室の隅々にまで届かない。

③人の前に立って発言する時などに，語尾を「まーす」「でーす」といったように，上げ気味に伸ばす。中止の「…て，」「…で，」などを強く発音する。

④発言を求められた場合などに，聞き取れないのか，質問の意味を確認するのか，あるいはまた自分の発言内容に自信がなく助言を求めるのか，発言を求めている者をさておいて，すぐに周囲の席の者に相談し，いたずらに時間をとる。

　さらに，笹（2002：91-92）は，受講生（大学生）が聴者として，人前での話において，「話があまり上手ではない」と判断する理由として，次の項目を挙げている。

①声が小さい。

②メリハリがない（から眠くなる）。

③間が空きすぎる。

④下ばかり見ている。

⑤（話が）長い。

⑥話が正確ではない。

⑦何を言いたいのかわからない。

⑧内容がつまらない。

　日高（1992b）の指摘では①〜⑤が，今村（1994）の指摘では①〜④が，笹（2002）の指摘では①〜③が，音声表現に関連する傾向（問題点）と言えるだろう。

また，先述の今村（1994：3）は，企業におけるアンケート調査の結果として，秋山和平氏の講演[23] をもとに，社会的レベルでの話しことばの現状について，次のように整理している。

　　①何を言いたいのかわからない。
　　②筋道を立てて論理的に話せない。
　　③だらだら話したり，肝心なことばが不足したりして，要点がとらえにくい。
　　④仲間うちのことば，難解な熟語，略語，専門語など，他の分野の者には分かりにくいことばを用いる。
　　⑤敬語が正しく使えない。
　　⑥流行語，幼児語，粗暴なことばが目立つ。
　　⑦「見られる」を「見れる」と言うような，いわゆる「「ら」抜きことば」が目立つ。
　　⑧語尾に「ね」「さ」「よ」を付ける。
　　⑨話し方が暗い，覇気がない，事務的で冷たい。
　　⑩声が小さい，早口。
　　⑪声がこもっていてはっきり聞こえない。
　　⑫鼻にかかった声，語尾を上げる，語尾を伸ばす。
　　⑬鼻濁音ができない。
　　⑭相手の目を見て話さない。
　　⑮話の腰を折る。

　この結果から，音声表現に関する傾向（問題点）は⑨〜⑬が挙げられる。以上の音声表現の傾向（問題点）を整理すると表2-1となる。なお，この表2-1は，上記の話し方の問題点と傾向を，次の3点から整理したものである。①指導者からみた大学生の傾向（問題点），②企業アンケートにみられる一般的な傾向（問題点），③大学生が聴者として「話があまり上手でない」とする判断理由である。各項目を厳密に分類することは難しいものの，以上から，主に，①声が小さく，②発話が速く，③ことばが不明瞭，④語尾が不自然，⑤心的態度が否定的であるという傾向（問題点）

23）元 NHK アナウンス室長。講演は，平成 5 年度秘書全国協議会研究大会における講演「言葉と〈声のことば〉の認識」である（今村 1994：17）。

表 2-1　大学生および一般社会人の音声行動に関する傾向（問題点）
（①は日高（1992b）および今村（1994），②は今村（1994），③は笹（2002）に基づき作成）

音声行動	①指導者からみた大学生の傾向	②企業アンケートにみられる一般的な傾向	③学生が聴者として「話があまり上手ではない」とする判断理由
声の大きさ	・小さく届かない声	・小さい声	・小さい声
話の間	・いたずらに間	－	・間のあけすぎ
発話速度	・早口の傾向	・早口	・メリハリのなさ（眠くなる）
不明瞭さ	・発音の不正確，不明瞭	・こもってはっきり聞こえない声	－
無駄語	・「エー」「アー」「シー」などの頻出	－	－
語尾・句末	・語尾の不自然な強調 ・聞きにくい話し方 ・完結しない物言い ・語尾上げ	・語尾上げ ・語尾伸ばし	－
鼻濁音	－	・鼻濁音の不十分さ	－
心的態度	－	・暗い話し方 ・覇気のなさ ・事務的で冷たい話し方	－
その他	－	・鼻にかかった声	－

がみられた。

■ 3-2　大学生の音声行動の特徴：社会人との比較から

　引き続き，社会人との比較から大学生の音声行動の特徴をみていきたい。平野（2007）では，これまで見てきた諸議論に基づきデザインした短時間（約40分）の音声表現に関する訓練を社会人と大学生に実施し，比較することで大学生の特徴をとらえている。詳細は平野（2007）をご覧いただきたいが，本項では，この訓練の内容と，実施後の結果について概要を述べたい。

　本訓練では，これまでの知見に基づき，次の観点を反映させた。①感情・身体と音声表現に関する研究，②発声法，③明瞭な発音，④プロミネンス，⑤イントネーション，⑦発話速度（リズム），⑧間（ポーズ），⑩話し方の傾向（問題点）である。

　訓練の最終目標を，「パブリック・スピーキングにおいて「正しく」「わかりやすく」「感じのよい」音声行動（音声表現）に改善する」とした。それぞれの主な特徴

第Ⅰ部

第Ⅱ部

第Ⅲ部

表 2-2　本研究における「正しさ」「わかりやすさ」「感じのよさ」

目　標	特　徴	音声表現に関連する問題行動例
正しさ	・ことばの明瞭さ ・声の大きさ	・口を開かず，声がこもっている ・声が小さく聞き取れない
わかりやすさ	・発話速度（リズム） ・間 ・強弱	・速すぎる（遅すぎる） ・単調で，何が重要かわからない
感じのよさ （受け止めて もらいやすさ）	・癖 ・好感 ・内容の適合性（イントネーション）	・面倒そうに話す ・問題解決についての話題を楽しそうに明るく話す ・「アー」「エー」などの余分な語を多用する ・「……です！」「……ます！」と強調する ・「それでェ」「だからァ」と伸ばしながら話す

表 2-3　音声表現訓練プログラムの進行

内容（時間）	方　法
1．講義（10 分） （1）同言語内容での音声表現の相違による変化 ・指導者の発話による体験的認知 ・研究知見の提示による認知 （2）訓練の内容と目標	導入として指導者による情報の提示と解説
2．演習（45 分） （1）ウォーミングアップ （2）課題①　感情表現練習 （3）課題②　総合的な演習 ・自己紹介およびプレゼンテーション	呼吸法，発音練習，滑舌練習，感情表現練習，指導者による要点の確認と解説，ロールプレイング
3．今後の課題の明確化（5 分） （1）まとめ （2）今後の課題の明確化	指導者による説明，個人演習

と問題行動例を示す（表 2-2）。

　学習目標に対応し，①講義，②演習，③今後の課題の明確化，の 3 つの訓練内容でプログラムを構成した（表 2-3）。

　1）講　義

　ここでは，訓練への積極的な参加を動機づけるための情報提示を行う。まず，指

導者の発話を題材として，同じ言語内容でも音声表現によって伝わり方に相違があることを認識させる。また，関連の研究知見を例に，話の間や話者の感情が話のわかりやすさや話者の感情に影響があることを認識させる。次に，本訓練プログラムの目標を認識させる。

2）演 習

演習を次の3つのステップで進める。まず，ウォーミングアップをし，次に，感情表現練習をする。最後に，音声表現スキルの理解を目指した演習をする。

3）今後の課題の明確化

今後の課題の明確化を行う。学習者は自身の生活場面で改善すべき点（授業中のプレゼンテーションでの声の大きさや自分のアルバイトでの発話速度）を自覚させる。

なお，本訓練では，図2-9の通り，ABCのサイクルで展開するよう設計した。Aは，参加者自らの気づきである。Bは，指導者による教示や方法の説明である。Cは，個人およびグループによる演習である。特に「演習」では，ABCのサイクルが繰り返し展開するよう設計している。すなわち，このABCのサイクルを通して，音声表現についての認知や行動の側面が強化されていくことを想定している。

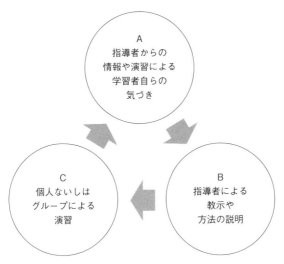

図2-9 音声表現訓練プログラムのサイクル

この訓練を，2006年6月〜9月に大学生102名と社会人の女性46名（30〜40代17名，50〜70代29名）に実施し，参加者対象の①アンケート，②参加者による相互評価，③VTR記録を基にした筆者の評価から，訓練前後の音声に関する意識と行動の変化を検討した。

その結果，次の5点が推察された。

①各年代ともに音声を重要と意識している参加者の割合は高かった。しかし，重要と考えている者すべてが，自己の音声行動について意識しているわけではなかった。

②社会生活を通して，音声行動は改善される傾向がみられた。しかし，年代にかかわらず学習者にとって未知の音声行動があることが考えられた。

③筆者が改善の必要があると評価している音声行動の割合は，大学生が最も高かった。それは，「語尾の不自然な強調」や「間（ポーズ）」であった。また，大学生の一部に，「発話速度（早口）」「発音の不明瞭」「幼児口調」などの改善の必要があると評価される特徴的な音声行動がみられた。

④新たな自己課題に関する気づきをもった訓練後の大学生の割合は，社会人と比較して低かった。また，大学生の音声行動は，30〜40代女性より肯定的な変化をする参加者の割合は低かったものの，訓練後において改善する傾向がみられた。

⑤本訓練は，全体的に肯定的な変化をもたらした。

以上から，本訓練改善に向けての課題は，大学生に対して，動機づけの強化と積極的な教示の必要性の2点が本訓練改善に向けての課題として残った。

4 まとめ

■ 4-1 効果的なコミュニケーションに関する議論から

1）感情と音声

①音声表現を含めた音声は，言語による感情表現よりも，聴者に，より知覚される傾向がみられる。また，肯定的な内容よりも否定的な内容の方が，より聴者に伝達される可能性がある。

②音声の識別能力と自分の声に感情を符号化する能力や，自分の感情をモニターし統制する人は，他者の感情を識別できる可能性がある。

2）身体と音声

感情と音声行動と生理的反応には相互作用があることが示されている。また，音声フィードバックによって感情が影響され，特に否定的な感情により強く影響される。

3）印象と音声

①音声情報が性格を印象づけている可能性がある。

②魅力的な音声はそうでない人と比べて，より好ましいと評定される可能性がある。また，好ましいイメージを感じる重要な判断材料は感情要素である。

③自信のある話者かどうかは，話者の反応の速さや声の大きさから判断されている可能性がある。

4）効果的なコミュニケーションと音声

説得などの効果的なコミュニケーションにおいても，音声が関連している。その音声性質とは，①音量コントロール，②話速，③ピッチの使用，④明瞭な発音，⑤流暢さ，⑥効果的な休止，である。

■ 4-2　学習内容に関する議論から

①イントネーションは，文法的機能，情緒的機能，社会的機能があり，特に重要である。印象形成の研究において，丁寧度の高い音声は，基本周波数が高くなっており，話者の心的態度は，後半のピッチに反映される。

②明瞭な発音のためには，早口言葉などを利用して，唇や顎を速く動かすようイメージして練習するとよい。

③発話速度は，時代の流れとともに，早口化の傾向がある。発話速度は，性格印象や聴者のわかりやすさに関連している。

④話の間（ポーズ）は，聴者のわかりやすさなどに関わっている。

⑤プロミネンスは，意図した通りの意味伝達において重要である。

⑥音声は，自然な姿勢で，腹式呼吸による呼吸が望ましい。しかし，腹式呼吸は短時間の訓練での習得は難しい。

⑦共通語と位置づけられるガ行鼻濁音，母音の無声化およびアクセントの習得は，話の専門家養成のための基礎訓練として実践されている可能性が高い内容である。しかし，ガ行鼻濁音については，地域差が大きく，かつ評価に相違があり，さらに

衰退傾向にある。母音の無声化については，言語的意味に関係せず，地域差が大きい。アクセントは，パタンが語ごとに決まっているとされているが，地域差が大きく弁別力は弱い。またおおかた文脈から理解できる。すなわち，主に，イントネーション，明瞭な発音，発話速度，間（ポーズ），プロミネンス，姿勢についてが学習において必要事項といえる。

■ 4-3　大学生の音声行動の傾向

　大学生の音声行動の傾向（問題点）として，次の5点がみられた。①声が全体に小さい。②発話が速い。③ことばが不明瞭。④語尾が不自然。⑤心的態度が否定的。

　音声表現訓練プログラム実施による社会人と大学生との比較を通して以下のことが推察された。①社会人，大学生ともに音声を重要と認識していても，自己の音声行動について意識しているわけではない。②社会生活を通して，音声行動は改善される傾向にある。しかし，年代にかかわらず未知の音声行動がある。③筆者が改善の必要があると評価している音声行動の割合は，大学生が最も高かった。それは，「語尾の不自然な強調」や「間（ポーズ）」であり，「発話速度（早口）」「発音の不明瞭」「幼児口調」などの特徴的な音声行動であった。④新たな自己課題に関する気づきや肯定的な変化に関して，30〜40代より大学生の方が少ない。⑤本訓練は，全体的に肯定的な変化をもたらした。

　以上から，大学生に対する本訓練の改善には，動機づけの強化と積極的な教示が必要である。

第 II 部

音声表現スキルの育成

第Ⅰ部では，コミュニケーション能力育成のための手がかりを得てきた。コミュニケーション能力の中でも音声表現については，改善することで印象等が大きく変わる一方で，扱いが困難な一面がある。また，音声表現に関して大学生の音声行動の傾向（問題点）が浮き彫りとなった。

第Ⅱ部では，まず第3章で，第1部の結果を踏まえた音声表現スキルの育成のためのプログラム（約40分）をデザインし，その実施の有無による比較から，学習者の変化を明らかにする。次に第4章では，第3章と同様のプログラムの実施を通して指導法を検討する。さらに第5章では，それらの知見を踏まえ，大学での授業（音声表現スキル）をデザインし，その実践（90分×15週）から学修者の認識（変化）について詳述する。

第3章

音声行動学習プログラムのデザイン

　前章で，音声表現訓練プログラムを実施し，大学生と社会人とで比較した結果，大学生に対しては，「動機づけの強化」と「積極的な教示」の必要性が明らかになった。そこで，本章では，まず，前述の課題を踏まえて修正し，音声行動学習プログラム（以下，学習プログラムとする）とし，改善点の概要と学習プログラムの内容・方法について述べる。次に，この学習プログラムを大学生および短期大学生に実施し，学習プログラムを実施しない場合とで比較を行う。そのことを通して，学習者の音声表現に関する行動の変化と事後の認識を明らかにするとともに，この学習プログラムの評価を行う[1]。

1　音声行動学習プログラムのデザイン

■ 1-1　改善点の概要

　音声行動学習プログラムの設計において，前章3節のプログラムから新たに取り入れた点は，大きく次の3点である。①職業生活への移行準備の意識化と職業に関連付けた場面の一貫した活用，②未知・未習得の音声表現スキルへの焦点化，③学習者間討議である。

　また，最終目標の「正しく」「わかりやすく」「感じよく」では，評価において，「正しく」と「わかりやすく」の具体的な内容がどこに属するのか不明瞭であるという問題点がみられた。そのため，「正しく」と「わかりやすく」を統合し，最終目

1）第3章は平野（2010a）を修正したものである。なお，第3章および第4章のプログラムは，中学高校を含めた大学等での授業の1つに組み込んだり，各種研修等に活用したりすることを想定してデザインされている。

標を「わかりやすく」「感じよく（受け止めてもらいやすく）」という表現に修正した。
なお，短時間では効果が得られにくい練習や冗長な例示を削除することにより，時間を確保した。

■ 1-2　音声行動学習プログラムの内容・方法
設計した学習プログラムの進行を表3-1に示す。

1）講　義
ここでは学習プログラムへの積極的な参加を動機づけるための情報提示を行う。
①職業生活でのコミュニケーション能力の重要性，特に，わかりやすく，聴者に受け入れられやすい（聴者にとって感じのよい）音声行動の必要性を認識させる。これは，今回新たに取り入れた内容である。

デインズら（1996：26）は，「おとなは，学習課題が適切であり，有意義で，興味深く，かつ役に立つものだということが分かるときに，より効果的に学ぶようである」と述べている。第2章3節において，社会人と比較して大学生に肯定的な変化が少ない傾向がみられた。社会人が職業を含めた社会生活を通して必要と認識することと，そこでの課題とが合致していたことが考えられる。他方，大学生はアルバ

表3-1　音声行動学習プログラムの進行

内容（時間）	方　法
講義（10分） （1）職業生活とコミュニケーション能力 （2）学習プログラムの内容と目標 （3）同言語内容での音声表現の相違による変化 ・指導者の発話による体験的認知 ・研究知見の提示による認知	導入として指導者による情報の提示と解説
演習（22分） （1）ウォーミングアップ （2）課題①　スキルの理解 ・企業人の大学見学の案内 ・就職活動のための企業への電話 （3）課題②　感情に関する（再）認知 ・新製品のプレゼンテーション	滑舌練習，感情表現練習，指導者による要点の確認および解説，学習者間討議，ロールプレイング
今後の課題の明確化（3分） （1）まとめ （2）今後の課題の明確化（演習）	指導者による説明，個人演習

イト等を経験しているにもかかわらず，職業的な意識・経験が少ないため，音声行動の改善についてのニーズと改善された音声行動を使用する状況のイメージを持ちにくいことが推察される。そのため，大学生がイメージしやすい職業場面を設定することで，職業場面でのコミュニケーションの重要性を認識させようとした。また，本学習プログラムへのより積極的な参加への動機づけとしても機能させる。②本学習プログラムの目標（現在の生活の改まった場面で将来の職業生活を前提とした音声表現スキルについての自己の問題点を認識し，課題を設定すること）を認識させる。③指導者の発話を題材として，同じ言語内容でも音声表現によって伝わり方が大きく異なることを認識させる。

2）演　習

　次の３つのステップで進める。①ウォーミングアップとしての，早口言葉による滑舌練習や，意味を成さない語による感情表現練習，②音声表現スキルの理解を目指した演習，そして，③話者の感情の違いによる音声行動の変化と聴者の受け止め方の変化の体験である。

　②，③には，今回新たに３つの内容・方法を取り入れた。

　１つ目は，職業に関連づけた場面の採用である。これにより職業生活で必要な音声表現スキルについて理解させる。

　２つ目は，未知・未修得の音声表現スキルへの焦点化である。前章３節では，大学生にとって未知の音声行動の他，既知だが未修得の音声表現スキルがあり，積極的な教示が必要であった。そこで，音声表現スキルを，多くの学習者にとって①未知の音声行動（語尾・句末のイントネーション等）と，②既知だが未修得の音声行動（声のトーン，発音の明瞭さ，声の大きさ，強調表現，話の間等）とに区別して指導した。くわえて，話者の感情の相違による音声行動の変化とそれに伴う聴者の受け止め方の変化を体験させた。

　３つ目は，学習者間の討議の採用である。前章３節では，講義によって問題を理解しても，改善方法を意識的に適用できない点のあることが考察された。たとえば，「間」が重要と理解しても具体的にどこをどうすればよいかは学習者にとって必ずしも明確ではない。そこで，学習者間で具体的な題材を用いて改善方法の意識的適用を試みることにした。また，「改善」とは話し方をフォーマルに変えることであるため，日常的にくだけた話し方を共有する仲間の内でそれを行うことには，一定の抵抗（羞恥心等）がある場合がある。そのため，２名から３名の小集団で改善につい

て討議することで, 改善のための支持的環境を形成する。

3) 今後の課題の明確化

今後の課題の明確化を行う。①指導者は学習プログラム全体の総括を行う。②参加者には自身の生活場面で改善すべき点 (授業中のプレゼンテーションでの声の大きさや自分のアルバイトでの発話速度等) を自覚させる。

2 実施の概要と評価の方法

■ 2-1 音声行動学習プログラムの実施の概要

本実験を下記の通り実施した。

> ①対象：4 年制大学の 2 ～ 4 年生および短期大学の 1 ～ 2 年生 85 名 (同一県内, 4 大学)
> ②実施場所：各大学・短期大学
> ③実施時期・時間帯：2008 年 6 月 19 日午後, 25 日午前, 7 月 2 日午前, 4 日午後, 7 日午後, 10 日午後 (専門科目時間)
> ④学習プログラムでの使用メディア：コンピュータによる演示および演示と同一内容の配付資料

本実験の手続きを表 3-2 に示す。まず, 参加者を A 群と B 群の 2 群に分ける。A 群には, あらかじめ設定された約 150 字の内容を参加者の前で一人ずつ順番に発話させる (この評価目的の発話を以後〈発話〉とし, 通常の発話と区別する)。それは職業場面を想定し, 旅行会社の社員が, 団体旅行に参加する 50 代から 70 代の女性約 30 名に対して, 団体旅行直前の説明をするものである。その内容は, ①説明会参加のお礼, ②自己紹介 (名前等), ③冊子を開くことの依頼, ④重要事項の説明である。

表 3-2　実施の手順

A　群	B　群
〈発話〉(1 回目)	〈発話〉(1 回目)
学習プログラム (講義・演習・課題の明確化) 実施	〈発話〉(2 回目)
〈発話〉(2 回目)	―

注：B 群には学習プログラムを実施していない。

参加者や評価者にとって音声上の相違を識別しやすくするために，参加者全員の発話内容を同一にしている。また〈発話〉の際，他の参加者は，聴き手として旅行参加者の役割を担っている。

　このように，本実験では，授業での実施を想定し，〈発話〉は参加者の間でさせ，あえて独立して行わせていない。なお，本研究の実験的側面へのこのことの影響については，「専門家評価」で後述する。その後Ａ群は上記の学習プログラムを実施した上で，1回目と同一内容で2回目の〈発話〉を行う。

　一方，Ｂ群は，Ａ群で予測される効果が学習プログラムによるものであり，2回の発話の練習効果によるものではないことを検証するため，学習プログラムを実施せず，Ａ群と同じ2回の〈発話〉を行う。このとき，Ｂ群の2回の〈発話〉の間に，統制のために，Ａ群の学習プログラムと同じ時間の別の言語的課題を与えることが考えられる。しかしＡ群に実施する学習プログラム以外のどのような課題を与えても，統制不可能な形で音声表現が使用され得るため，かえって実験の条件を統制することが困難になる。そこでＢ群には，1回目の〈発話〉の直後に2回目の〈発話〉をさせた。

　両群とも，2回目の〈発話〉の後でアンケートを実施する。1回目の〈発話〉の前あるいは講義の前のアンケートは，その実施によって学習プログラムの課題に関する不用意な学習が成立し学習プログラムの効果の測定に影響が出ることを避けるため，実施しなかった。そのため，2回目の〈発話〉の後のアンケートは，Ａ群・Ｂ群それぞれに属する参加者自身の〈発話〉後の認知の理解のために分析を行う。

　また，後述の専門家評価によって1回目と2回目の〈発話〉における音声行動の変化を評価する。

　なおＡ群での，特定題材についての習熟の効果をできるだけ排除するため，評価目的の〈発話〉と同一の内容や職業場面は，学習プログラムには含まれないように配慮している。

　参加者の内訳を表3-3に示す。Ａ群は，ａ女子大学，ｂ短期大学，およびｃ大学（41名）。Ｂ群は，ａ女子大学，ｂ短期大学，およびｄ大学（44名）である。ｃ大学とｄ大学については，参加者人数と時間的な制約から2つに分けることができなかったため，ｃ大学（人間科学系学部）をＡ群，ｄ大学（経営系学部）をＢ群とした。このように，本研究では，諸条件の制約により，完全な実験的研究デザインを採用できていないが，ｃ大学とｄ大学は，私立，共学，文科系という共通点を有し，所在地が近隣であり，入学に必要な学力もほぼ同等とみなせる。

表3-3　参加者の内訳

大学（会場）	a女子大学		b短期大学		c大学（A群）・d大学（B群）		合計（A群, B群）	分析対象合計（A群, B群）
科　目	心理学関連の科目		教職関連の科目		キャリア教育関連の科目			
	A群	B群	A群	B群	A群	B群		
実施日（2008年）	6.25	7.2	6.19	7.4	7.7	7.10		
人　数	15名	10名	13名	16名	13名	18名	85名（41名, 44名）	
学　年	3年	3年	1年	2年	2, 3, 4年	2, 3年		
〈発話〉（1回目）	15名	10名	13名（うち5名無効）	15名	10名	18名	81名（38名, 43名）	76名（33名, 43名）
学習プログラム参加・A群のみ	15名	－	13名	－	13名	－	41名	
〈発話〉（2回目）	15名	10名	13名（うち5名無効）	15名	12名（うち2名無効）	18名	83名（40名, 43名）	76名（33名, 43名）
アンケート	15部	10部	13部	16部（うち1部無効）	13部（うち3部無効）	18部	85部（41部, 44部）	81部（38部, 43部）
備　考		第三者の映像視聴に同意しなかった5名の〈発話〉は評価していない	〈発話〉をしなかった1名のアンケートは分析対象としていない		遅刻者2名と〈発話〉をしなかった1名のアンケートは分析対象としていない			

　今回の調査では，a女子大学，b短期大学の参加者はすべて女性であるが，c大学とd大学は男女混合の集団であり，男女比は一定でなく，かつ偏りがある（男性参加者の割合は，c大学で38.5%，d大学で66.7%）。そのため両群での男女の割合も異なっている（男性はA群参加者中12.2%，B群参加者中27.3%）。このことの結果への影響については，「専門家評価」で検討する。

　なお，本学習プログラムの内容は同一であっても，どの授業の中で展開されるかによって，位置づけは異なってくる。c大学，d大学はキャリア教育関連科目の授業であるため，本学習プログラム以外にも，同様に実社会で役立てられる能力開発的な授業内容になっている。一方，a女子大学は社会心理学系の授業であり，b短期大学は教職科目の授業であるため，本学習プログラム以外は，キャリア教育関連科目の授業ほどには，スキルの習得への志向性は高くない。しかし，前者ではコミュニケーションという接点において，後者では教師として話すことという接点において，授業全体の目標と，本学習プログラムのねらいは，深く関連している。

　このように，何の授業の受講者に対して実施するかで，この学習プログラムへの

参加者の関心の高さが異なると考えられる。しかしこの学習プログラムは，大学で多様な学生が参加することを目的に開発している。したがって，本学習プログラムへの関心が高いと思われるキャリア教育関連科目の授業（c大学，d大学）を含め，それとは異なる，社会心理学系の授業（a女子大学）や教職科目の授業（b短期大学）を含めた3つのカテゴリーの授業で実施した。その上で，3つのカテゴリーの科目受講者をそれぞれA群・B群に分けることで，この学習プログラムへの関心に両群で大きな差が生じないように配慮した。

　加えて，分析において，第三者である複数の専門家による評価や参加者によるアンケートを用いることで，多重な観点から分析の信頼性を確保することに努めた。

　なお，実験参加，撮影，アンケート結果の使用について，事前に参加者全員から承諾を受け，文書による同意を得た。ただし，1回目〈発話〉をしなかった遅刻者2名と参加したが恥ずかしがって〈発話〉をしなかった2名の計4名のアンケートは，分析対象から除いた。さらに，撮影に同意したが，第三者の映像視聴に同意しなかった5名は専門家による評価を行わなかった。

■ 2-2　音声行動学習プログラムの評価の方法

1）音声行動の変化に関する専門家評価

　前章の研究では実施しなかったが，研究をより発展させるため，また，より専門的な観点から客観的に音声表現を評価するため，企業の社員教育の専門家3名[2]に，2回の〈発話〉の様子を撮影したVTR記録による個々の参加者の評価（以下，「専門家評価」とする）を依頼した。その際，通常は社員教育に従事している専門家に「学生であること」を考慮した評価を依頼することで「職業生活を間近に控えた大学生（短期大学生）として，適切な音声による話し方」という基準を設定し，さらに評価者には「音声（声の調子）を中心にご評価ください」と教示した。その上で，各参加者の発話を，「全くそう思わない」から「全くそう思う」までの5段階で評価させ，1点から5点までに点数化した。参加者1名あたり，2回の〈発話〉の機会があったが，3名の専門家による評価の平均値を各回の点数とした。また，個々の参加

2）評価者は，①銀行系研究員約7年，企業において人材育成等に約9年，研修会社においてビジネスマナー研修等の企画および講師を約2年従事する41歳の女性，②研修会社および個人事業においてビジネスマナー研修等の講師約17年従事する40歳の女性，③企業社員約22年，その間，中小企業診断士として経営支援約5年，および話し方を含めた社員教育約10年に従事する45歳の男性の3名である。

者の改善すべき点について，研究者が示した音声表現の9つの評価の観点（発音の明瞭さ，発話速度，明るさ，強調，間，態度，語尾，句末，その他（自由記述欄あり））から選択して指摘させた。ただし後者は，専門家評価に要する期間を考慮し，参加者へのフィードバックではなく，研究者による専門家評価の妥当性検証（validation）に用いた。

ところで大谷（2008：348）は，評価の客観化のための手続きに触れて，「量的研究では，研究に影響を与える多様で複雑なファクターを「撹乱要因」と呼び，できるだけ排除して条件を整理することで客観性を担保する態度を取る」と述べ，その一手法としてマスキング（盲検化）をあげている。本研究では，評価者が学習プログラムの内容や学習プログラム実施の有無を知ることによる評価への影響を排除するため，マスキングを採用し，評価者には，学習プログラムの内容や，発表者がA群とB群のどちらに属するのかについての情報を一切与えていない。

2）アンケート（音声行動の変化と事後の認知・理解）

アンケートはA群28問，B群15問で構成される。問の洗練のために今回の参加者以外の大学生数名にパイロットスタディを行った後，問を次のように確定した。

内容は，回答者の属性（2問），音声コミュニケーションの重要性と機能に対する認知（3問），問題と課題の自覚（4問），〈発話〉の変化についての自己評価（1問），〈発話〉の変化についての参加者全体に対する評価（1問），〈発話〉に対する受け止め方（3問），自由記述（以上A群・B群共通），学習プログラムの評価（A群のみ13問）である。これを両群とも2回目〈発話〉後に実施した。

なお，回答者の属性，学習プログラムの評価，自由記述の一部については，本報告には含めていない。また，全項目が回答者の20％以下の結果である音声コミュニケーションの重要性と機能に対する認知（1問），問題と課題の自覚（1問），発話に対する受け止め方（3問）については分析結果を記述しない。

3　学習者の行動の変化

■ 3-1　専門家評価

専門家評価は，3名の評価結果の平均値（5点満点）を用いた。専門家には評価の観点を示していたが，評価者ごとに評価の観点の重点や基準が違うことも推察される。そこで，3名の評価に大きなばらつきがないかを確認するために，152ケース

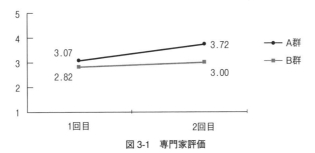

図 3-1　専門家評価

表 3-4　専門家による評価結果の分散分析表

S.V.	SS	df	MS	F
学習プログラム	8.6565	1	8.6565	10.54**
参加者	60.7794	74	0.8213	
評価時期	6.3560	1	6.3560	93.08**
学習プログラム×評価時期	2.0359	1	2.0359	29.82**
参加者×評価時期	5.0530	74	0.0682	
Total	82.8807	151		

** $p < .01$

表 3-5　専門家による評価結果の単純主効果

S.V.	SS	df	MS	F
学習プログラム（1回目）	1.1481	1	1.1481	2.77 n.s.
参加者（1回目）	30.6845	74	0.4146	
学習プログラム（2回目）	9.5443	1	9.5443	20.09**
参加者（2回目）	35.1479	74	0.4749	
時期（学習プログラム有）	7.7932	1	7.7932	114.13**
時期（学習プログラム無）	0.5987	1	0.5987	8.77**
参加者×評価時期	5.0530	74	0.0682	

** $p < .01$

（（33 名＋ 43 名）× 2 回）に対する 3 名の評価結果の信頼性係数（クロンバックの a 係数）を求めた。その結果，a 係数は 0.77 であった。おおむね評価者間での大きな違いといえる程ではない。

　図 3-1 には，3 名の専門家による評価（平均値）の結果を示す。専門家評価では，1 回目の評価で B 群が A 群より 0.25 点低かったものの A 群は 1 回目から 2 回目で 0.65 点高くなった。B 群は 1 回目から 2 回目で 0.18 点高くなった。すなわち専門家評価では A 群が B 群より肯定的な変化が大きかったことがわかる。

〈学習プログラムの有無（2水準の被験者間要因）×評価時期（2水準の被験者内要因）〉の2要因の混合モデルの分散分析を行ったところ（表3-4，表3-5を参照），交互作用が有意であった（$F_{(1,74)}$ =29.82, $p < .01$）。学習プログラムの有無の単純主効果の検定を行ったところ，1回目の評価においては，両群に有意差はみられなかった。しかし2回目の評価においては，学習プログラムを行ったA群は，学習プログラムを行わなかったB群に比べて，1％水準で有意に高かった（$F_{(1,74)}$ =20.09）。また，評価時期の単純主効果の検定を行ったところ，2回目の評価が1回目に比べて，学習プログラムを行ったA群では1％水準（$F_{(1,74)}$ =114.13）で，学習プログラムを行わなかったB群で1％水準で（$F_{(1,74)}$ =8.77）有意に高かった。

1回目より2回目のほうが，学習プログラムの有無にかかわらず高い評価が得られているが，1回目において，両群に有意差がみられないにもかかわらず，2回目においては学習プログラムを行ったA群の評価が有意に高かった。

なお，学生は，同一大学の同一群の他の学生による2回ずつの〈発話〉を，聞き手の役割として聞いている。それによる学習効果の影響によって，分散分析における独立性の問題が懸念される。たとえば，後に〈発話〉を行った学生が，先に行われた他の参加者の〈発話〉から学習し，評価が高くなることがあり得る。そのため，実施順序と専門家評価との相関を検討したが，順序による顕著な影響は認められなかったため，分散分析を適用することとした。

ところで東（1997：158）は，ホール（Hall 1984）の研究結果から，非言語表現と非言語コミュニケーションを用いた感情表現において，女性は男性よりも優れていることを示している。本研究では，それぞれの同一大学同一群の男女比と両群の男女比が一定でなく，かつ偏りがある。加えて同性のみの集団と男女混合の集団があり，話しやすさや話し方への影響が存在する可能性もある。

そこで，1要因3水準（女性のみの集団，男女混合の集団の中の男性，男女混合の集団の中の女性）の分散分析を行った。その結果，いずれの群・時期において も，有意差はみられなかった（A群1回目：$F_{(2,30)}$ =1.85, $n.s.$, A群2回目：$F_{(2,30)}$ =1.57, $n.s.$, B群1回目：$F_{(2,40)}$ =0.22, $n.s.$, B群2回目：$F_{(2,40)}$ =0.40, $n.s.$）。そのため，本研究においては，性差および男女構成の相違による顕著な影響はないと判断した。

■ 3-2　アンケート結果
1) 事後の参加者の認識：音声コミュニケーションの重要性と機能に対する認識
音声コミュニケーションの重要性の認識の変化について，アンケート結果を図

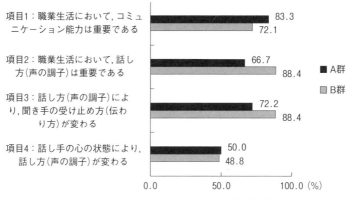

図 3-2　これまで以上に強く思ったこと　（複数回答）

3-2 に示す。「項目１：職業生活において，コミュニケーション能力は重要である」
「項目２：職業生活において，話し方（声の調子）は重要である」「項目３：話し方（声
の調子）により，聞き手の受け止め方（伝わり方）が変わる」「項目４：話し方の心の
状態により，話し方（声の調子）が変わる」の４つの選択肢について，「これまで以
上に強く思った」かどうかを回答させた（複数回答）。また，「項目５：これまでと変
わらない」という選択肢も設けた。

　その結果，A 群 36 名（無効回答者を除外済み），B 群 43 名のうち，全員が項目１～
４のいずれかを選択している。項目１～４の各選択肢の選択の割合には差があるが，
どの選択肢も約半数以上の参加者が選択している。すなわち，職業生活におけるコ
ミュニケーション能力や話し方の重要性については，B 群に行った，自身の音声行
動と他者の音声行動の比較のみでも，自覚される可能性があると考えられる。

　さらに，項目１～４のそれぞれにおいて，群（A 群・B 群）×選択状況（選択・非
選択）の人数の分割表に対し，直接確率検定を行った。その結果，選択肢項目２で
は，B 群の選択割合が A 群に比べて有意に高かった（p = .019< .05）が，他の選択肢
では有意差がみられなかった（項目 1: p = .179; 項目 4: p = .548）。ただし，項目 3 では，
B 群の選択割合が高いという有意傾向（p = .062< .1）が確認された。この点につい
てはアンケートの自由記述の結果で後述する。

　音声コミュニケーションに対する自己の行動に関する認識の変化をたずねた。
「項目１：他者にわかりやすく話すよう心掛ける」「項目２：他者に感じよく（受け入
れられやすく）話すよう心掛ける」の２つの選択肢について「これまで以上に強く実

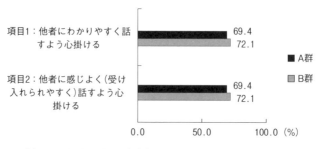

項目1：他者にわかりやすく話
すよう心掛ける　　　　69.4
　　　　　　　　　　　72.1

項目2：他者に感じよく（受け
入れられやすく）話すよう心　　69.4
掛ける　　　　　　　　　72.1

■ A群
□ B群

0.0　　　　　50.0　　　　100.0 (%)

図3-3　これまで以上に強く実行したいと思うこと　（複数回答）

行したいと思う」かどうかを回答させた（複数回答）。また，「項目3：強く実行した
いことはない」という選択肢も設けた。

　その結果，A群36名（無効回答者を除外済み），B群43名のうち，項目3を選択し
たのはA群1名，B群1名であり，全員が項目1，項目2のいずれかを選択してい
る（図3-3）。

　そして項目1，項目2のそれぞれにおいて，前述の質問同様に群（A群・B群）×
選択状況（選・非選択）の人数の分割表に対し，直接確率検定を行ったところ，有意
差は認められなかった（項目1: p = .494; 項目2: p = .494）。つまり，このような点につ
いても，B群に行った，自身の音声行動と他者の音声行動の比較のみでも，自覚さ
れる可能性があると考えられる。

2）未知・未習得と既知・未習得に関する問題・課題の自覚と改善方法の理解
　参加者の問題・課題の自覚「問題・課題を自覚しましたか」の回答結果は，「は
い」がA群30名（78.9%），B群30名（69.8%）であった。「わからない」がA群5
名（13.2%），B群11名（27.9%），「いいえ」がA群3名（7.9%），B群2名（4.7%）
であった。その中で，「はい」と回答した参加者に，「自己の問題・課題は何か」と
「自己の問題・課題に対する改善方法がわからない項目（以後，「改善方法わからない
項目」と示す）」をたずねた。「自己の問題・課題は何か」と「改善方法わからない項
目」では，第1節「演習」で述べた「既知で未修得」の音声表現スキルとして「声の
明るさ」「話の速さ（リズム）」「話の間」「声の明瞭さ」「声の大きさ」を，また「未
知で未修得」の音声表現スキルとして「語尾」「句末のイントネーション」「様々な
心の状態」を選択肢とした。さらに「その他（自由記述欄あり）」を選択肢に加えた。
「自己の問題・課題は何か」と「改善方法がわからない項目」ともに複数回答可とし

表 3-6　学習方法の違いによる自己の問題・課題の理解

	A 群（n =30）		B 群（n =30）		検定結果
	自己の 問題・課題	改善方法 わからない	自己の 問題・課題	改善方法 わからない	
未知で未習得	18 名	10 名	15 名	14 名	$p = .014*$
既知だが未習得	24 名	9 名	29 名	12 名	$p = .139$ n.s.

*$p < .05$

た。その上で，「自己の問題・課題は何か」で「未知で未習得」の項目を１つでも選択した参加者が，何について「改善方法がわからない」と回答しているかについてと，「自己の問題・課題は何か」で「既知だが未習得」の項目を選択した参加者が，何について「改善方法がわからない」と回答しているかについて，群（A 群・B 群）×「自己の問題課題は何か」に対する「改善方法わからない項目」の選択状況（選択・非選択）の人数の分割表に対し，直接確率検定を行った。その結果を表 3-6 に示す。「未知で未習得」については，A 群の選択割合が B 群に比べて有意に高かった（$p = .014 < .05$）が，「既知だが未習得」については，A 群・B 群間に有意差が認められなかった（$p = .139$）。すなわち，「未知で未習得」な音声表現スキルについては，〈発話〉において自己の音声行動や他者の音声行動の比較を繰り返すことのみでは認識しにくく，かつ改善方法を理解しにくいと考えられる。一方「既知だが未習得」な音声表現スキルについては，〈発話〉において自己の音声行動や他者の音声行動の比較を繰り返すことにより，本学習プログラムを実施しなくても，改善方法を自ら理解する可能性があることが明らかになった。

3）自由記述の結果

アンケートの自由記述から参加者の事後の認識を検討する。

自由記述の内容は，①自己および他者の発表についての報告・感想（「間の開け方，丁寧に話すことは難しい」「他者の発表からの学びを自分の発表に取り入れた」などで，以下，「報告・感想」とする）。②自己の発表についての省察（「対象に合わせてゆっくり話せばよかった」などで，以下，「省察」とする），③音声コミュニケーションの重要性についての（再）認識（「話し方で変わる」「声の明るさ，大きさはとても大事」などで，以下，「（再）認識」とする），④自己課題への意欲（「今後に役立てたい」「癖を改善したい」などで，以下，「意欲」とする），⑤学習プログラムの受け止め方（「就職活動に役立つ」「楽しかった」など），⑥羞恥心・緊張感（「恥ずかしい」「緊張した」など），⑦その

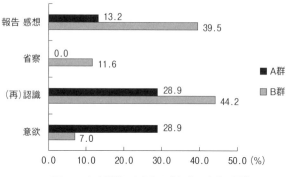

図3-4　自由記述にみられる参加者の事後の認識

他に分類された。

　ここでは，本研究の目的に関連する①から④までを検討する。その結果を図3-4に示す。

　報告・感想は26.3％，省察は11.6％，（再）認識は15.3％B群がA群より高かった。意欲は，A群がB群より21.9％高かった。具体的には，B群では，「話すうえで，声の明るさ，大きさはとても大事だと感じた」「話し方，声の大きさ，話を切るところ，話の速さで聞き取りやすさが違うなと思った」など，感想や（再）認識に関する記述がみられたが，改善についての記述はなかった。一方，A群では「今まで分からなかったことが分かって良かった。これからも生かしていきたい」「プログラムを終えて，普段の声の使い方などがどれほど大切かを知りました。日常から取り入れていこうと思いました」というように（再）認識に関する内容だけでなく，今後の行動改善についての記述がみられた。

　つまり，2回の〈発話〉で自身と他者の音声行動の自覚的な比較を繰り返したB群でも，「報告・感想」「省察」「（再）認識」の各カテゴリーの記述が豊かになり，音声表現の重要性に関する認識が高まったと推測できる。このことは，3節「アンケート結果」の「これまで以上に強く思ったこと（図3-2)」の項目2（話し方（声の調子）は重要である）で，B群の選択割合がA群に比べ有意に高いことや，項目3（話し方（声の調子）によって聞き手の受け止め方が変わる）で，B群の選択割合がA群に比べ高いという有意傾向にあったことと一致する。

　一方，学習プログラムを実施したA群における「意欲」に関する記述の豊かさは，行動の側面や未知で未習得の課題に関する，A群の肯定的な変化（B群に対して有意）と関連していると考えられる。

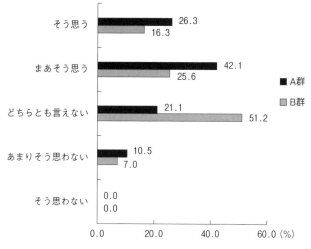

図3-5　〈発話〉についての自己評価（2回目の方がよくなった）

　このことは，音声表現に関して，B群のように〈発話〉を繰り返すだけでも重要性の認識は高まるが，改善の意欲を持つためには，A群のように改善方法に関する指導を学習プログラムで体験することが必要であることを示唆していると考えられる。

　このことから，〈発話〉において自身の音声行動と他者の音声行動の比較を繰り返すことのみでは，音声コミュニケーションに関する報告・感想を述べ，省察し，（再）認識についての記述がみられても，行動改善に対する意欲に結びつきにくいと考えられる。それに対し，本学習プログラムへの参加によって行動改善への意欲が喚起される可能性があることが示唆される。

■ 3-3　音声行動の変化の評価
　次に，参加者の音声行動の変化についてA群とB群とで比較する。

1）自己評価
　自己評価「2回目の方がよくなった」では，「そう思う」から「そう思わない」の5件法でたずねた。結果を図3-5に示す。「まあそう思う」「そう思う」は，A群がB群より26.5％高かった。「どちらともいえない」は，B群がA群より30.1％高かった。「そう思わない」「あまりそう思わない」は，A群がB群より3.5％高かった。

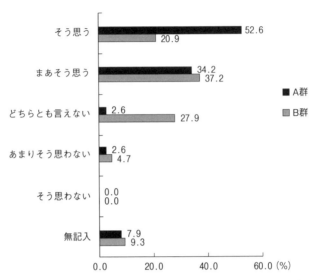

図3-6 〈発話〉についての相互評価（他者の発表は，全体的に最初より2回目の方がよくなった）

「そう思う」から「そう思わない」に5点から1点を与えスコア化し，両群間の平均の差を t 検定で検定したところ，A群の選択割合がB群に比べて高いという有意傾向（t (79) =1.65, $p < .1$）が確認された。

2）相互評価

　相互（参加者）評価「全体的に2回目の方が良くなった」も，自己評価同様に5件法でたずねた。結果を図3-6に示す。「全体的に2回目の方が良くなった」について「まあそう思う」「そう思う」と回答した参加者は，A群がB群より28.7％高かった。「どちらともいえない」は，B群がA群より25.3％高かった．「そう思わない」「あまりそう思わない」は，B群がA群より2.1％高かった。自己評価同様に t 検定をしたところ，A群の選択割合がB群に比べて有意に高かった（t (79) =2.15, $p < .05$）。

　自己評価は，相互評価の結果と比較すると，全体的に厳しい評価をしていたことが推察される。他者の音声行動については，A群の方が「全体的に2回目の方がよくなった」と受け止めている参加者が多かった。

4　まとめ

　本章では，筆者が設計した音声行動学習プログラムを大学生および短期大学生に実施し，学習プログラムを実施しない大学生および短期大学生とで比較することを通して，学習者の音声コミュニケーションに関する行動の変化と事後の認識を明らかにするとともに，この学習プログラムを評価した。

　分析の結果，以下のことが明らかになった。

　①音声行動については，専門家評価において，学習プログラムを実施した群が実施しなかった群よりも肯定的な変化がみられた。アンケートにおける自己評価および相互評価では，自己評価で全体的に厳しい評価をしていたことが推察されるが，他者の音声行動については，学習プログラムを実施した方が音声行動の改善が見られると受け止めている参加者が多かった。

　② 音声コミュニケーションの重要性については，自身の音声行動と他者の音声行動の比較のみでも，自覚される可能性が考えられた。

　③「未知で未習得」な音声表現スキルについては，自身の音声行動や他者の音声行動を繰り返すことのみでは認識しにくく，かつ改善方法を理解しにくいことが考えられた。一方，「既知だが未習得」な音声表現スキルについては，自己の音声行動や他者の音声行動を繰り返すことにより，本学習プログラムを実施しなくても，改善方法を自ら理解する可能性があることが示唆された。

　④ 意欲については，自身の音声行動と他者の音声行動のみでは，音声コミュニケーションに関する報告・感想を述べ，省察し，（再）認識についての記述がみられても，行動改善に対する意欲に結びつきにくく，漠然とした意欲であることが考えられた。それに対し，本学習プログラムの実施によって，行動改善への意欲が喚起される可能性が明らかになった。

　⑤ 以上のことから，今回実施した学習プログラムの効果が確認された。

第4章

音声行動学習プログラムの指導法の検討

　前章の音声行動学習プログラム（前章同様，「学習プログラム」とする）では，肯定的な効果が確認された。しかし，発話をしても，普段意識をしない「音声」に注目した実践的な学習には，羞恥心や緊張感などを伴う学習者がいる可能性がある。そこで，本章では，指導法を検討するため，前章の学習プログラムを使って演習方法に相違を持たせ，実施による学習者の感情と学習の効果から，指導上の留意点や実施における示唆を得る[1]。

1　本章の課題

　スピーチ時には，身体的緊張感や認知的緊張感の増加（たとえば，政本ら 2003）や，血圧の上昇（たとえば，橋口 1998），スピーチにおける「あがり」の主観的反応の強度が心臓血管系および呼吸器系反応に与える影響（たとえば，敦賀・鈴木 2006）など，身体的・心理的に影響があることが明らかになっている。また，コミュニケーション学習における学習者の感情については，外国語学習の分野で指摘されている。たとえば，胡・宇野（2005：549）は，日本人学習者の中には，中国語の声調学習で，「恥ずかしい」という感想を述べる学生がいるため，その具体策について検討している。また Suarez・田中（2001）の調査では，英語の発音の学習で，学生の中には，「正しい発音で話すことへの恥ずかしさ，ひやかされることへの恐れ等の心理的要因を挙げ」るものがいた。さらに，有本（2000）は，日本人の英語学習者がオーラル・コミュニケーションにおいて恥ずかしさや戸惑いなどの心理的障壁を伴う傾向にあることの背景として，日本語の音声指導の欠落の問題を指摘し，英語コミュニケーションにお

1）第4章は平野（2010b）を修正したものである。

ける学習者の心理的障壁を除去するための方略や工夫について述べている。

このように，スピーチにおいても語学の学習においても，また母語でも外国語で
も，他者の前で発声する際には，学習者に心理的障壁が存在することが予想される。
前章でも，英語の発音学習者や中国語の声調学習者同様に，筆者のこれまでの調査
においても，アンケートに緊張感や羞恥心についての記述をする参加者がみられた。
日本語口語表現法に関する授業実践をしている荒木（1999：80）は，苦手意識を克
服させるために，学生の立場にたった，きめ細かなサポートの必要性を述べている。
本研究では音声表現に焦点化しているため，人前で話すことだけでなく，他者の前
で普段とは異なる音声を発することによる影響が極めて大きいことが考えられる。
そのため学習者の感情や学習効果を理解した上で実施していくことが必要である。

そこで，本章では，指導法を検討するため，前章と同じ学習プログラムを学習者
間で演習を行う方法と個別で行う方法の2つの方法を大学生に実施し，学習者の感
情と学習プログラムの効果に関して比較する。そのことを通して，学習プログラム
の指導上の留意点と実施における示唆を得ていきたい。

2 実施の概要と評価の方法

■ 2-1 音声行動学習プログラムの実施の概要
本実験を下記の通り実施した。

　①対象：4年制大学（関東地方A大学）の2年次（55名，男：49名，女：6名）
　②実施場所：学生の所属する大学
　③実施日・実施時間帯：2009年10月23日午後
　④学習プログラムでの使用メディア：コンピュータによる演示および演示内
　　容と同一内容の配付資料

本実験の手続きを表4-1に示す。まず，参加者を学習者間で演習（討議や相互演示
的練習）をするペア群と，個別で演習をする個別群の2群に分けた。参加者人数に
ついて後述（表4-2）するが，両群ともに本学習プログラムが想定している人数（10
名から20名程度の中規模集団）より多かった。そのため，参加者の感情への影響に配
慮し，〈発話〉[2]の聞き手の人数を，両群ともに次の要領で調整した。両群それぞ
れ「くじ」で，3つの教室に分け，かつ〈発話〉の順番を決めた。その際，2回目の

表4-1　実施の手順

ペア群		個別群
〈発話〉	25 分	〈発話〉
講　義	10 分	講　義
学習者間での演習	22 分	個別の演習
今後の課題の明確化	3 分	今後の課題の明確化
〈発話〉	25 分	〈発話〉

〈発話〉についても，同様に，1回目とは異なる「くじ」で教室（3つ）と順番を決めた。その上で，あらかじめ設定された約150字の内容を参加者の前で一人ずつ順番に〈発話〉させた。このように，本実験では，授業実践での活用を想定し，〈発話〉は参加者の前でさせている。つまり，一人ひとりを他者の見えないところに取り出して評価のための〈発話〉をさせるということをあえてしていない。しかし，そのことによって，各人の各回の〈発話〉が他者から影響を受けやすくなることが懸念される。そこで実験的側面への影響を少なくするため，1回目，2回目ともに「くじ」を利用することで，〈発話〉の教室および順番が無作為になるように配慮した。

　〈発話〉は，第3章同様に職業場面を想定し，旅行会社の社員が，団体旅行に参加する50代から70代までの顧客の女性約30名に対して，団体旅行直前の説明をするという内容である。参加者や評価者にとって音声上の相違を識別しやすくするために，参加者全員の発話内容を同一にしている。また〈発話〉の際，他の参加者は，聴き手として旅行参加者の役割を担っている。

　1回目の〈発話〉の後，3つの教室に分かれていた参加者は同一の教室に集まり，学習プログラムを実施した。学習プログラムでは，講義を同一の指導者（筆者）が，同一の内容・方法によって行ったので，群による内容・方法の差はない。また演習での発話において，学習者相互（ペア）で行う群（ペア群）と個別で行う群（個別群）というように方法のみが異なるが，課題内容は同じである。演習では，ペア群で討議や相互演示的練習をし，個別群では，個々で思考したり練習したりした[3]。演習は，以下の5項目ある。

2）第3章同様に，学習プログラム前後の発話については〈発話〉とし，それ以外の発話については，〈　〉を付さない。

3）演習2：感情表現練習については，指導者の語りかけに対して，一斉に個々で練習をするという方法で実施した。

演習1：早口言葉による滑舌練習（以下，「早口言葉」とする）
演習2：意味を成さない語による感情表現練習（以下，「感情表現」とする）
演習3：大学見学に来た企業の社員の案内（以下，「大学案内」とする）
演習4：就職活動のための企業への電話（以下，「就職電話」とする）
演習5：感情を変えての新製品のプレゼンテーション（以下，「感情変化」とする）

　なお，演習1と演習2は，ウォーミングアップとして行い，演習3〜5は，具体的な場面を想定しての演習（ロールプレイング）である。

　その後，「くじ」によって決められた教室へ移動し，両群とも2回目の〈発話〉を実施した直後に，参加者の感情と学習内容の認識について検討するためにアンケートを実施した。1回目の〈発話〉の前あるいは講義の前のアンケートは，その実施によって，緊張感などの感情の側面に影響があることが考えられるため実施しなかった。

　また，社員教育の専門家に評価を依頼し，1回目と2回目の〈発話〉における音声行動の評価を行った。

　参加者集団の属性等（後述）を表4-2に示す。音声表現に焦点化した本学習プログラムでは，方言からくる羞恥心などとも関連する可能性があるため，ほぼ全国から集まってくる大学を選択している。分析対象人数は，ペア群23名，個別群22名である。

　なお，本実験では，参加者に対する事前調査が十分ではないものの，同一大学で，同じ工学系かつ同学年の学生を参加者とし，両群で偏りがでないよう努めた。また，ペア群・個別群ともに，卒業後に指導者・教育者として，学習者に対してわかりやすく説明させる技法を身に付けることをねらいとする2年生必修の授業で，3回行われる「話し方の技術」のなかの1回分（2回目）として実施した。なお，第1回では「話し方に関する概要の説明と人前で自由に話してみること」を実践し，両群ともに同一の教員が同内容・方法で実施している。

　実験参加，録音，アンケート結果の使用について，事前に参加者全員から承諾を受け，文書による同意を得た。ただし，参加者には，ペア群・個別群ともに，非日本語母語話者が含まれている。非日本語母語話者と日本語母語話者とで同様の比較検討をすることは困難であるため，非日本語母語話者については分析対象にしていない。また，ペア群では第三者が音声記録を聴くことに同意しなかった3名と遅刻者1名については，アンケートおよび〈発話〉の対象としていない。

表 4-2　参加者の内訳

	ペア群	個別群	合　計
実施日時	2009 年 10 月 23 日 4 限	2009 年 10 月 23 日 5 限	
全参加人数（日本語母語話者, 非日本語母語話者）	31 名（27 名, 4 名）	24 名（22 名, 2 名）	55 名（49 名, 6 名）
性別（男, 女）	31 名（29 名, 2 名）	24 名（21 名, 3 名）	55 名（50 名, 5 名）
アンケート回収	31 部	24 部	55 部
2 回の〈発話〉	30 名分	24 名分	54 名分
分析対象者　人　数（男, 女）	23 名（21 名, 2 名）	22 名（21 名, 1 名）	45 名（42 名, 3 名）
平均年齢（人数：①19 歳, ②20 歳, ③21 歳, ④27 歳）	20.0 歳（①8 名, ②14 名, ③1 名, ④0 名）	19.7 歳（①8 名, ②12 名, ③1 名, ④1 名）	19.8 歳（①16 名, ②26 名, ③2 名, ④1 名）
出身地方 ①北海道, ②東北, ③関東, ④中部, ⑤関西, ⑥四国, ⑦中国, ⑧九州	①0 名, ②2 名, ③3 名, ④11 名, ⑤0 名, ⑥0 名, ⑦1 名, ⑧6 名	①0 名, ②1 名, ③3 名, ④6 名, ⑤1 名, ⑥2 名, ⑦3 名, ⑧6 名	①0 名, ②3 名, ③6 名, ④17 名, ⑤1 名, ⑥2 名, ⑦4 名, ⑧12 名
ペアの親しさ ①親しい, ②ときどき会話をする, ③あまり話したことがない, ④初めて話す, ⑤その他	①15 名, ②4 名, ③3 名, ④0 名, ⑤1 名		①15 名, ②4 名, ③3 名, ④0 名, ⑤1 名
アンケート分析部数	23 部	22 部	45 部
2 回の〈発話〉	23 名分	22 名分	45 名分
備　考	非母語話者, 第三者の音声記録視聴に同意しなかった 3 名と遅刻者 1 名については, アンケートおよび〈発話〉の分析対象にしていない	非母語話者についてはアンケートおよび〈発話〉の分析対象にしていない	

第 I 部

第 II 部

第 III 部

■ 2-2　音声行動学習プログラムの評価の方法

1）学習者へのアンケート

　アンケートの質問項目は, その妥当性を高めるために今回の参加者と同一大学で同学年の学生 17 名にパイロットスタディを行った後, 次のように確定した。内容

は回答者の属性（年齢，性別，出身），グループメンバー（ペア）との関係（親しさ・会話をする頻度），以前から人前で話すことに抵抗があるか，方言や話し方について気にしているか，自己課題の理解や改善方法の理解，各演習の受け止め方（羞恥心，緊張感，抵抗感，楽しさ，やりがい，意欲），全体的な演習方法の受け止め方（グループ（ペア）／個別演習）（以下，「ペア／個別：受け止め方」とする），上記回答の理由（自由記述）である。なお，結果が煩雑になることを避けるため，各演習の受け止め方の結果を示す際に，「ペア／個別演習」も併せて図に挿入している。先述の通り，アンケートの実施については，会場で両群ともに2回目の〈発話〉後に，参加者全員に質問紙を配付し調査を行い回収した。

　年齢，性別，出身，グループメンバー（ペア）との関係（親しさ・会話をする頻度）についても，表4-2に結果を記載した。

2）音声行動の変化に関する専門家評価

　専門的な観点かつ客観的な立場で両群の学習の効果を評価するため，前章と同じ企業の社員教育の専門家3名に2回の〈発話〉の音声記録による個々の参加者の評価（以下，「専門家評価」とする）を前章と同様の方法で依頼した。

　ただし，今回は，学習者の感情面を検討する必要があるため，参加者の羞恥心や緊張感などの感情に配慮し，映像記録ではなく音声記録のみを用いた。また，各参加者の〈発話〉の音声記録を「そう思わない」から「そう思う」までの5件法で評価してもらい，1点から5点までに点数化することは前章と同じだが，1回目に1点で，2回目にさらに否定的な評価をする場合，評価の方法がなかった。同様に5点も同じことが言える。そのため，1回目，2回目ともに〈発話〉の点数が1点の場合で，1回目より2回目にさらに否定的な変化があった場合には「−」をつけ，5点でも同様に1回目より2回目の方が肯定的な変化があった場合には「＋」をつけるよう依頼した。

3 　学習者の感情と効果の比較

■ 3-1　学習者の感情

1）これまでの話し方に関する感情

「以前から人前で話すのに抵抗がある」と「自分の方言や特徴的な話し方について，気にしている」について「大変そう思う」から「全くそう思わない」の5件法でた

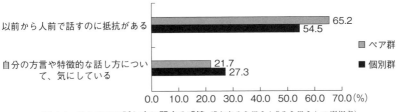

図4-1　これまでの話し方に関する感情（「大変そう思う」「そう思う」の選択者）

ずねた。後述する他項目とペア群・個別群とで比較検討するため，「大変そう思う」
「そう思う」の選択者の割合を図4-1に示す。また，本調査で得られた標本全体の数
や分割表内の標本数が少ないため，χ^2検定ではなく，群（ペア群・個別群）× 選択
状況（選択「大変そう思う」「そう思う」・非選択「どちらでもない」「そう思わない」「全
くそう思わない」）の人数の分割表に対し，フィッシャーの直接確率検定を行った。

　まず，「以前から人前で話すのに抵抗がある」については，ペア群・個別群間に有
意差はみられなかった。また，ペア群・個別群ともに半数以上が「抵抗がある」を
選択している。次に，「自分の方言や特徴的な話し方について，気にしている」につ
いても，ペア群・個別群で有意差はみられなかった。また，両群ともに方言や特徴
的な話し方について，2～3割の参加者が「気にしている」を選択している。

　本調査では，人前で話すことについて，全参加者の半数以上が学習プログラムの
実施以前から抵抗感を持ち，かつ自己の方言や特徴的な話し方について，2～3割
の参加者が気にしていた。したがって，今後の本学習プログラムの実施（指導）に
おいては，これらの点に留意して進めていく必要があるだろう。

2）羞恥心・緊張感・抵抗感

　学習プログラム中の演習とその前後の〈発話〉における「羞恥心」「緊張感」「抵
抗感」について，「大変そう思う」から「全くそう思わない」まで，それぞれ5件法
でたずねた。「羞恥心」「緊張感」「抵抗感」を持ったかどうか，他項目とペア群・個
別群とで比較検討するため，各質問項目について「大変そう思う」「そう思う」を選
択した結果を，それぞれ図4-2～4-4に示す。また，各項目について，前述の検定同
様に標本数が少ないため，群（ペア群・個別群）×選択状況（選択・非選択）の人数
の分割表に対し，直接確率検定を行った。

　まず「羞恥心」では，3つの特徴がみられた（図4-2）。①いずれの段階および項目
も両群に有意差は認められなかった。②感情を表出する演習2については，両群と

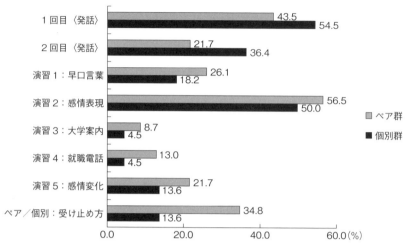

図 4-2　羞恥心：「恥ずかしかった」について（「大変そう思う」「そう思う」の選択者）

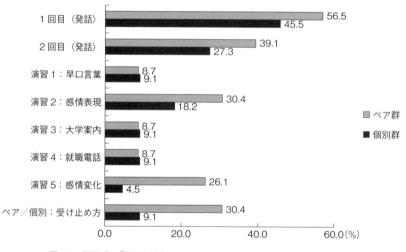

図 4-3　緊張感：「緊張した」について（「大変そう思う」「そう思う」の選択者）

もに半数以上が選択している。また，具体的な場面を想定した演習（ロールプレイング）である演習3・4・5の中で，感情面を扱った演習5が他の項目よりも若干選択者が多い。③〈発話〉が1回目から2回目で選択者数が減少している。

　次に「緊張感」では，2つの特徴がみられた（図4-3）。①いずれの段階および項目

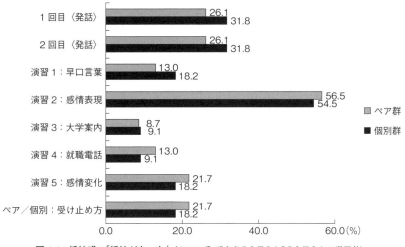

図4-4　抵抗感：「抵抗があった」について（「大変そう思う」「そう思う」の選択者）

も両群に有意差は認められなかった。②〈発話〉が1回目から2回目で選択者数が減少している。

　最後に，「抵抗感」については，4つの特徴がみられた（図4-4）。なお，「抵抗感」については，図4-1においても「以前から人前で話すのに抵抗がある」という質問をしているため，あわせて検討した。①いずれの段階および項目もペア群・個別群で有意差は認められなかった。②感情を表出する演習2は両群ともに半数以上が選択している。また，感情面を扱った演習5については，他の具体的な場面を想定した演習3・4と比較して若干選択者が多かった。③1回目と2回目の〈発話〉の選択者数に変化がなかった。④図4-1で「以前から人前で話すのに抵抗がある」とした参加者は半数以上いたが，本実験での2回の〈発話〉では3割前後であった。

　これらのことから，次の4点が推察される。①羞恥心・緊張感・抵抗感については両群どちらの方法で実施しても大きな相違はみられない。②感情を表出する演習は，両群ともに羞恥心・抵抗感のある参加者が多いため，動機づけや羞恥心等を緩和するような雰囲気を作ることが必要である。③〈発話〉については，繰り返すほど，羞恥心・緊張感が緩和されることが推察されるため人前で話すことを数多く経験していくことが望ましい。ただし，抵抗感については，2回の〈発話〉で変化はみられない。④半数以上の参加者が「以前から人前で話すのに抵抗感がある」と回答しているものの，本実験での2回の〈発話〉での「抵抗感があった」と回答して

いる参加者は約3割であった。一定数（今回の調査では約3割）は，抵抗感を持つ者がいるものの，「以前から人前で話すのに抵抗がある」と回答している参加者であっても，本実験における〈発話〉では，抵抗感がない，ないしは，抵抗感が少ない可能性がある。

3) 楽しさ・やりがい・意欲

学習プログラム中の演習やその前後の〈発話〉における「楽しさ」「やりがい」「意欲」について，「大変そう思う」から「全くそう思わない」まで，それぞれ5件法でたずねた。「楽しさ」「やりがい」「意欲」を持ったかどうか，他項目とペア群・個別群とで比較検討するため，各質問項目ついて「大変そう思う」「そう思う」を選択した結果を，それぞれ図4-5 〜 4-8に示す。また，各項目について，これまで同様に，群（ペア群・個別群）×選択状況（選択・非選択）の人数の分割表に対し，直接確率検定を行った。

まず「楽しさ」では，3つの特徴がみられた（図4-5）。①演習2と，1回目および2回目の〈発話〉は，個別群がペア群と比較して有意に高かった（演習2：$p < .01$，1回目および2回目〈発話〉：$p < .05$）。②具体的な場面を想定した演習3・4・5および「ペア／個人演習：受け止め方」について，両群ともに約半数が選択している。③〈発話〉が，両群ともに1回目よりも2回目の方が若干選択者数の増加がみられる。

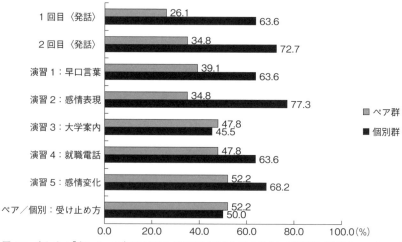

図4-5　楽しさ：「楽しかった」について（「大変そう思う」「そう思う」の選択者）（演習2：$p < .01$，1回目および2回目〈発話〉：$p < .05$（両側））

　次に「やってよかった」では，3つの特徴がみられた（図4-6）。①いずれの段階および項目も両群に有意差は認められなかった。②演習1と演習2ではペア群の選択者数が他の項目と比較して低いものの，その他の演習1〜5は全体的に，約半数ないしはそれ以上の選択者がみられた。③〈発話〉が両群ともに1回目よりも2回目の方が選択者数に増加がみられる。

　最後に「意欲」として，2回の〈発話〉，演習1と演習2，および「ペア／個人演習：受け止め方」については「またやりたい」かたずねた。また，具体的な場面を想定した演習3・4・5については「上手になりたい」かたずねた。

　まず「またやりたい」の結果から，次の3つの特徴がみられた（図4-7）。①いずれの段階および項目も両群に有意な差は認められなかった。②個別群の2回の〈発話〉を除く全項目で，参加者の半数以上が「またやりたい」を選択していない。③〈発話〉が，両群ともに1回目よりも2回目の方が選択者数に増加がみられる。また「上手になりたい」の結果を図4-8に示す。いずれの項目も両群で有意な差は認められなかった。しかし，両群ともに選択者が6〜8割程度という結果であった。

　これらのことから次の3点が推察される。①感情を表出する演習を中心に，全体的に個別群の方がペア群よりも楽しさを認識しやすい。先述の羞恥心・緊張感・抵抗感においても，感情面を扱った項目が他の項目と比較して全体的に選択者が多かったことから，個別に練習をすると，羞恥心・緊張感・抵抗感があっても，「楽し

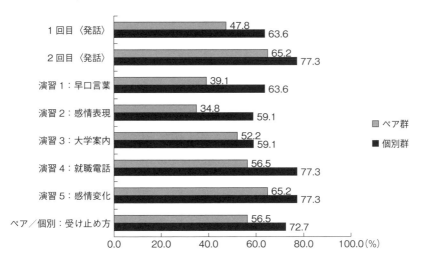

図4-6　やりがい：「やってよかった」について（「大変そう思う」「そう思う」の選択者）

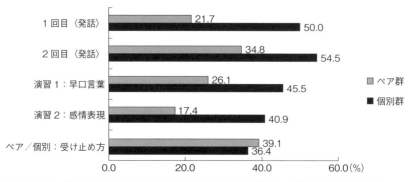

図 4-7　意欲：「またやりたい」について （「大変そう思う「そう思う」の選択者」）（1 回目〈発話〉.05 < *p* = .065 < .10（両側））

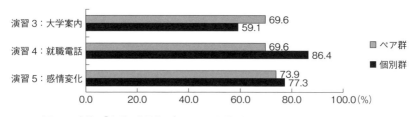

図 4-8　意欲：「上手になりたい」について （「大変そう思う」「そう思う」の選択者）

い」という肯定的な感情も持つことが考えられる。②ウォーミングアップとしての演習1および演習2は，「またやりたい」という意欲を持つ者は多くはない。しかし，具体的な場面を想定した演習については，ペア群・個別群ともに，半数程度以上が，やりがい・意欲を持つ。そのため，大学生がイメージしやすい職業場面を設定した内容については，練習の必要性を認識することが推察される。③ペア群・個別群ともに〈発話〉を繰り返すことで，楽しさ・やりがい・意欲を持つ者が増える可能性がある。

　なお，「楽しさ」では，2回目の〈発話〉だけでなく，1回目の〈発話〉においても，個別群がペア群より多く，先述の通り，5％水準で有意差が認められた。アンケートはすべてのプログラムを完了した後に，回想的に回答を求めたものである。個別群の肯定的な回答が全体的に多いこと，また2回目の〈発話〉が終わった時点の「楽しい」などの印象から，1回目の〈発話〉の印象をより肯定的に回答したことが推察される。

　「楽しさ」「やりがい」「意欲」についての「そう思わない」「全くそう思わない」

の選択者の割合は，2回の〈発話〉，演習1〜5およびペア／個別演習の受け止め方のすべての間で，ペア群（0.0%〜30.4%）のほうが個別群（0.0%〜13.6%）より多いないしは同じ（0.0%）であった。この点からも，個別演習で実施したほうが，参加者に受け入れられやすいことが推察される。

■ 3-2　音声行動学習プログラムの効果

1）アンケートにおける事後の認識

学習プログラムの実施後のアンケートで，「自己の問題点・課題」についてたずね，その結果を図4-9に示す。

自己の問題点・課題に関する自覚（「はい」）の選択の有無でペア群と個別群を比較検討するため，各項目について，群（ペア群・個別群）×「はい」選択状況（選択・非選択）の人数の分割表に対し，直接確率検定を行った。その結果，自覚したと回答した参加者は，ペア群・個別群で有意差は認められなかった。しかし，自己の問題点・課題の自覚について，個別群は参加者の8割以上が自覚したと回答していた。また，非選択の内訳は，「どちらでもない」がペア群9名，個別群4名であり，「いいえ」がペア群1名，個別群0名であった（図4-9）。すなわち，おおかたの参加者は自己の問題点・課題の自覚をするか，ないしは明確な自覚ではないものの，否定するまでには至らなかったことが推察される。

さらに，自己の問題点・課題の自覚について自覚した（「はい」）と回答した参加者（ペア群13名，個別群18名）に，自己の問題・課題について「未知で未修得」と「既知だが未修得」とに分類し [4]，前述の「自己の問題課題の自覚」同様に，理解したかどうか各項目について，群（ペア群・個別群）×「（未知で未修得ないしは既知だが未修得）選択状況（選択・非選択）の人数の分割表に対し，直接確率検定を行った

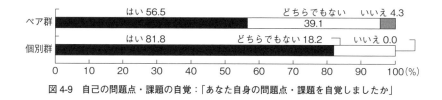

図4-9　自己の問題点・課題の自覚：「あなた自身の問題点・課題を自覚しましたか」

4）前章で，音声表現スキルを焦点化するにあたり，多くの学習者にとって未知の音声行動（語尾のイントネーション等）と，既知だが未修得の音声行動（声のトーン，発音の明瞭さ，声の大きさ，強調表現，話の間等）とを区別した。

表 4-3　自己の問題点・課題の理解

| | ペア群 (*n* =13) | | 個別群 (*n* =18) | | 検定結果 |
	はい	その他	はい	その他	
未知で未修得	4 名 (30.8%)	9 名 (69.2%)	6 名 (33.3%)	12 名 (66.7%)	*n.s.*
既知だが未修得	12 名 (92.3%)	1 名 (7.7%)	16 名 (88.9%)	2 名 (11.1%)	*n.s.*

（表 4-3）。その結果，ペア群・個別群において有意差は認められなかった。

　前述の質問同様に，自己の問題点・課題の自覚について自覚した（「はい」）と回答した参加者に対して改善方法のわからない項目についてたずねたところ，ペア群では 13 名中 5 名（38.5%）が，個別群では 18 名中 8 名（44.4%）が改善方法のわからない項目を挙げていた。ここでも群（ペア群・個別群）×「選択状況（選択・非選択）の人数の分割表に対し，直接確率検定を行った。その結果，ペア群・個別群において有意差はみられなかった。

　これらのことから，事後のアンケートでの自己の問題点・課題については，学習者間演習，個別演習のどちらの方法で実施しても大きな差はないといえる。また，自己の問題点・課題について明確な自覚に至らない参加者は，あいまいながら自己の問題点・課題を把握している，ないしは，否定するまでには至らなかったことが推察される。

2）専門家評価

　専門家評価では，まず，3 名の評価結果の平均値を用いた。3 名の評価にばらつきがないかを確認するために，90 ケース（(23 名 +22 名) × 2 回）に対する 3 人の評価結果の信頼性係数（クロンバックの α 係数）を求めた。その結果，α 係数は 0.86 であり，評価者間でのばらつきは少なかったといえる。3 名の専門家による評価（平均値）の結果を図 4-10 に示す。専門家評価では，1 回目から 2 回目の〈発話〉において，ペア群では 0.86 点上昇し，個別群では 0.72 点上昇している。

　次に，〈学習プログラムの演習方法の相違による実施（2 水準の被験者間要因）×評価時期（2 水準の被験者内要因）〉の 2 要因の混合モデルの分散分析を行った（表 4-4）。評価時期の主効果に 1% 水準で有意差がみられたが（$F_{(1,43)}$ =85.43），交互作用に有意差はみられなかった（$F_{(1,43)}$ =0.54）。この両群の評価時期における評価点の上昇は，第 3 章の結果（1 回目から 2 回目で 0.65 点の上昇）を支持するものである。すなわち，両群の平均点において，学習者間演習と個別演習の方法の相違にかかわらず，本学習プログラムの実施に伴い，両群ともに肯定的な変化がみられた。

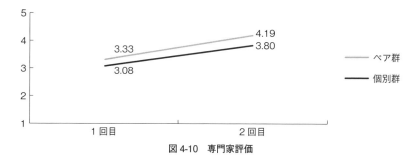

図 4-10　専門家評価

表 4-4　専門家による評価結果の分散分析表

S.V.	SS	df	MS	F
学習プログラム	2.3443	1	2.3443	3.05+
参加者	33.0812	43	0.7693	
評価時期	14.0487	1	14.0487	85.43**
学習プログラム×評価時期	0.0895	1	0.0895	0.54 *n.s.*
参加者×評価時期	7.0712	43	0.1644	
Total	56.6349	89		

** $p < .01$，＋ $.05 < p < .10$

　なお，本学習プログラムを実施した授業は，先述の通り相手にわかりやすく伝えることを主眼にしている授業なので，授業の内容と本研究における学習プログラムは大きく関連している。前章の結果よりも行動において若干高い上昇がみられた通り，授業に対する参加者のスキル習得への志向性が高く，結果に影響している可能性がある。

3）肯定的変化が少ないと考えられる参加者の行動と感情

　前述の通り，専門家評価による音声行動の変化については，1回目の〈発話〉と2回目とで肯定的な変化がみられた。一方で，肯定的変化が少ないと考えられる参加者もみられる。1回目から2回目の〈発話〉において，評価者3名全員に肯定的な変化として評価点に反映されなかった参加者は，ペア群1名，個別群4名であった。同様に，評価者3名のうち2名に肯定的な変化として評価点に反映されなかった参加者はペア群3名，個別群6名であった。すなわち，評価者2～3名に肯定的な変化として評価点に反映されなかった参加者は，ペア群4名，個別群10名である。これらの参加者は，1回目から2回目の〈発話〉において変化が少なかったことが考えられる。この評価者2～3名による評価点の変化の有無についての参加者の割

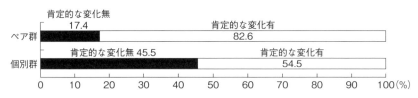

図 4-11 評価者（2名〜3名）による評価点変化の有無の参加者割合（.05 < *p* = .057 < .10（両側））

合を図 4-11 に示す。群（ペア群・個別群）×評価状況（変化有・変化無）の分割表に対し，直接確率検定を行った。その結果，ペア群・個別群で有意な差は認められなかった（.05< *p* = .057< .10）。

　しかし，先述の通り，平均値において1回目と2回目の〈発話〉では，ペア群・個別群ともに肯定的な変化がみられた（図 4-10）ものの，参加者の割合でみると，個別群では，肯定的な変化が少ないと考えられる参加者は，参加者の5割弱（22名中10名）であり，ペア群では2割弱（23名中4名）であった。すなわち，さらなる検討が必要であるものの，ペア群の方が個別群より，全体的に肯定的に変化しやすい可能性があることが推察される（図 4-11）。なお，1回目から2回目の〈発話〉で否定的な変化として評価された参加者は，両群ともに0名であった。

　このように，ペア群では，学習者間で相互に討議をしたり，相互演示したりすることで全体的に音声行動が肯定的に変化しやすい可能性がある。一方で，図 4-10 の専門家評価で両群とも同様の肯定的変化がみられることから，個別群では，自己で思考したり，練習したりすることによって，自身で音声行動の改善をし，肯定的に大きく変化する者と，個人での練習等では肯定的変化にまで至らない者がいることが推察される。

　図 4-12 は，個別群の肯定的変化が少ないと考えられる参加者（10 名。以下，「変化少：個別群」とする）の2回の〈発話〉における感情の比較をした結果である。

　まず参加者全体（45 名）と個別群全体（22 名）とで比較する。「変化少：個別群」を「参加者全体」および「個別群全体」とで比較すると，1回目と2回目の〈発話〉において，それぞれ顕著な相違はみられない。次に，自由記述をみてみたい。肯定的変化があったとして評価されたペア群（19 名）や肯定的変化があったとして評価された個別群（12 名）同様に，「変化少：個別群」でも，「緊張した」「緊張しなかった」など肯定的・否定的な両方の記述がみられる。また，いずれも「楽しかった」「やってよかった」「上手になりたい」などの意欲的な記述がみられる。すなわち，「変化少：個別群」の変化が少なかったと考えられる顕著な感情についての特徴は

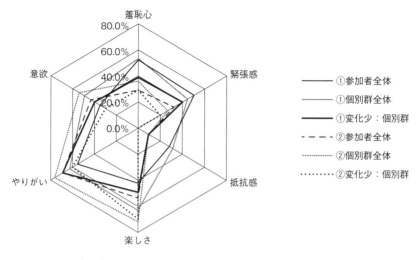

図4-12　2回の〈発話〉の参加者の感情の比較（「大変そう思う」「そう思う」　参加者全体 $n=45$，個別群全体 $n=22$，変化少：個別群 $n=10$　①は1回目〈発話〉，②は2回目〈発話〉）

みあたらない。

　以上のことから，次の2点が示唆される。①個別群で実施すると，大きく肯定的に変化する学習者がいる一方で，変化がみられない者もいる。ペア群で実施すると全体的に肯定的に変化する可能性が高いことが推察される。より多くの学習者のスキル獲得を目指すのであれば，学習者間で演習をする方が望ましい。②ペア群・個別群のどちらで実践しても，否定的に変化する可能性は低い。そのため，音声表現に関する学習では，感情を表出する演習を中心に個別演習を採用し，その他は学習者間演習にするというように使い分けていくことが望ましい。

4　指導上の留意点と実施における示唆

　本研究では，指導法を検討するため，学習プログラムの演習方法に相違を持たせて実施し，学習者の感情と学習プログラムの効果から，学習プログラムの指導上の留意点と実施における示唆を得た。

　①もともと人前で話すことに対して抵抗感のある学習者がいる（今回の調査では，両群ともに半数以上）。また，自己の方言や特徴的な話し方について，気にしている

第Ⅰ部

第Ⅱ部

第Ⅲ部

学習者がいる（今回の調査では，両群ともに 20％強）。これらのことを念頭に置いて学習プログラムを実施する必要がある。

　②学習者は，感情を表出する演習内容を中心に，学習者間・個別演習のいずれの方法でも，羞恥心・緊張感・抵抗感のある学習者がいる。この問題の解決には 2 つの側面が考えられる。1 つはこれらの心理的障壁そのものを下げることであり，そのためには，参加者へのアイスブレークや，ペアの場合の組み合わせの工夫などが有効だろう。もう 1 つは学習動機を高めることであり，それは実社会で求められるコミュニケーションスキル獲得の必要性をいっそう強く意識させることが求められる。この 2 つの側面を補強するため，有本（2000：149）が指摘するように指導者のあり方も重要であり，指導者自身が羞恥心を全く見せず，肯定的なモデルを示すことも必要だろう。

　③演習における学習者の感情については，個別演習での実施の方が，感情を表出する演習内容を中心に，学習者に受け入れられやすい。しかし，音声行動については，学習者間で演習をした方が，学習者全体の肯定的変化に結びつく可能性があるため，学習者間で演習をする方が望ましいといえる。なお，本実験でのペアの親しさは，表 4-2 の通り，23 名中 19 名が「親しい」ないしは「ときどき会話をする」であった。大学で本学習プログラムを実施する場合，学習者同士が顔見知りであったり，そうでなくとも，今後も学内で出会ったりする可能性が高い間柄である。本学習プログラムのように感情を表出する内容を中心に普段使わない音声を発するのには，羞恥心や抵抗感などを伴いやすいことが考えられ，実施の際には配慮が必要である。そのため，学習者の個性や学習者全体の雰囲気を考慮しながら，感情を表出した演習を中心に，部分的に個別演習で実施するなど，両アプローチの切り替えと組み合わせを行うことも有効だろう。

　④人前で音声行動を繰り返すことによって，羞恥心・緊張感を伴う学習者が減少し，楽しさ・やりがい・意欲を持つ参加者が増加した。そのため，〈発話〉のように人前での音声行動を繰り返し行うことが望ましい。ただし一定数（本調査では 3 割前後）が，少なくとも 2 回の繰り返しのみでは，抵抗感は緩和され難いことに留意する必要がある。

第5章

音声表現スキル育成のための
授業デザイン

　第Ⅱ部では，これまで音声表現スキル育成のための短時間の学習プログラムの実施によって，実験的に効果や指導上の留意点について検討してきた。本章では，これまでの知見を基盤に，大学でのコミュニケーション能力向上を目指した音声表現スキル育成のための授業（以下，「朗読の授業」とする）をデザインし，学修者[1]の認識面から，授業実施後の学修者の変化について探索的に検討していく[2]。

1 　音声表現スキル育成のための授業デザイン

■ 1-1　学修目標

　前章までに得た，音声表現スキルの育成によって向上することが期待される次の6点を学習目標にした。まず知識面として，①音声に関することには，他者に聞き取りやすく話す必要性など，学修者にとって既知のこともあるが，語尾伸ばしなど，学修者によっては未知のことも存在している（第2章，第3章）ため，「音声表現に関する知識の獲得」を目標とする。

　次にスキル面として，②間の重要性などの知識はあっても望ましい音声行動に移せるかどうかは別のことである（第3章）ため，「音声表現に関する知識の活用」，③「学士力」の「汎用的技能（コミュニケーションスキル）」や「社会人基礎力」の「チームワーク」の中の「発信力（自分の意見をわかりやすく伝える力）」に含まれるものとして，「聴者に配慮した話し方の意識の向上」を目標とする。

　最後に態度面として，④苦手意識を克服することが必要（荒木1993）であることか

---

1)「はじめに」の脚注で述べた通り，本章より「学習」から「学修」の表記とする。
2)　本章は平野・大谷・柴田（2014）と平野・大谷・柴田（2015）を基に大幅に加筆修正したものである。本章に加筆修正し使用することについては共著者から許諾を得ている。

ら，「人前で話すことについての苦手意識の克服」，⑤コミュニケーションは相手や状況によって異なり，唯一の方法が存在するわけではない。また普段の生活と密着しているため，自己改善の意欲が高いことが必要であると考えられる。そのため，「自己主導性の向上」，⑥本研究における「コミュニケーション能力」は「協調性」を含んでおり，音声は感情と関わりがあり（たとえば，マレービアン 1986，荘厳 1986），他者に対する感情の制御ができることが必要であるため，「協調性の向上」を目標とする。

■ 1-2　朗読の授業のデザイン

　筆者が開発した第3章の「音声行動学習プログラム」は，短時間の内容であるため，実施直後に音声行動の肯定的変化がみられても，定着や人前で表現することに対して十分とは言えない。また，〈発話〉に対して，羞恥心や緊張感がある（第4章）ことから学修者に苦手意識があることが考えられる。さらに，そのプログラムは，音声の重要性や具体例などが中心であり，表現力の向上のための学習内容になっていない。そのため，ある程度継続的な学習が可能なように，朗読（群読）の授業（全15週，各回90分）を採用し，コミュニケーション能力向上のための音声表現スキル育成の授業をデザインした（図5-1，表5-1，表5-2）。なお，「朗読（群読）」は，図5-2の通り，自己の音声表現だけではなく，朗読者 A と B が作品の解釈等を共有し，相互の音声表現を聴き，それを調和させ，さらに，「作品」としての朗読（群読）が聴

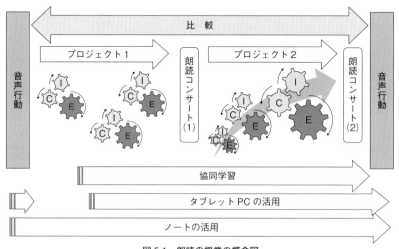

図 5-1　朗読の授業の概念図

表 5-1　朗読の授業デザイン

回	内　　容	
1	授業のオリエンテーション	
2	音声表現の聴き比べ	
3	音声表現の基礎と発声発音の基礎 （音声行動学習プログラムなど）	
4	グループ演習　発表①	プロジェクト1
5	テーマ「解釈」発表②	
6	テーマ「間」発表③	
7	テーマ「表現」発表④	
8	朗読コンサート（1）	
9	グループ演習　（朗読コンサートの準備）	
10	（朗読コンサートの準備）	
11	（朗読コンサートの準備，全体で練習））	
12	（リハーサル①）	プロジェクト2
13	（リハーサル②）	
14	朗読コンサート（2）	
15	音声表現の聴き比べ	

表 5-2　各回の主な進行内容

	進行内容	時　間
(1)	ノート記入 ・1週間の振り返り ・この授業の目標	約10分
(2)	基礎練習「外郎売」等	約15分
(3)	講　義	第3回，第5〜7回，約15分
(4)	グループ演習	第4回〜14回，40分〜55分
(5)	発表（リハーサル）	
(6)	ノート記入 ・自己課題等	約10分

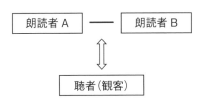

図 5-2　朗読（群読）によるコミュニケーション構造

者（観客）に届くようにする必要があるため，ただ読めばよいというものではない[3]。そのため「朗読（群読）」は，コミュニケーション能力向上のための音声表現スキル育成に効果があると考えられる。

1）ICE モデルの導入

ICE モデル（ヤング・ウィルソン 2013，ヤング 2014）とは，アイデア（Ideas），つながり（Connections），応用（Extensions）のことで，アイデアとは，事実，スキル，プロセスの中のステップを指し，たとえば覚えていることを思い返すことによって答えができた場合などのことである。つながりとは，すでに持っている知識などとつなげることができた場合などである。たとえば，柞磨（2017）は，「文字を組み合わせて文章を正確に書くことができる」ことを例に挙げている。応用とは，自分が学んだことを使って，新しい環境で，学んだ時とは違うところで使うことなどである。このように ICE は，表面的なものから深い知識へと学びを深めていく過程を表している。音声表現に関する学習は，授業内での知識獲得や再認識だけでなく，それを直ちに教室内で活用することが可能である。また，緊張感を伴う「本番」で応用していくことも可能である。さらに，音声は，通常のコミュニケーションに密着しているため，他の授業でのプレゼンテーションや実生活でのコミュニケーションで応用していくことが可能である。しかし，音声を重要と考えていても，自己の音声行動について意識しているわけではない（第2章）。そのため，無理解のまま行動していたことを理解した上で行動するようにし，さらに，学習時間内でできたことを応用できるよう導いていく必要があり，ICE モデルと親和性がある。すなわち，苦手意識の克服や音声表現の向上，ひいてはこれらの定着に結びつくことが期待される。そこでこの朗読の授業に ICE モデルを導入した。なお以後，ICE の Ideas を［I］，Connections を［C］，Extensions を［E］とする。

2）協同学習

ジョンソンら（2010）は，協同学習の基本的構成要素として，肯定的相互依存関係（互恵的な協力関係），個人の役割責任，促進的な相互作用，社会的スキル，グル

3）「音読」と「朗読」を厳密に区別するのは困難であるものの，「音読」は，主に文章をそのまま音声化する読み方で，「朗読」は，文章を理解したのち，聴者が作品をイメージできるように表現する読み方である。なお，「群読」は，複数の読み手によって朗読することである。

ープによる改善手続きの５つを挙げている。すなわち協同学習によって，コミュニケーションスキル向上などの効果が期待される。また，学修者は自己の癖など未知のことは望ましい音声表現にならないが，例え既知のことであっても望ましい音声表現が身についているとは限らない（第３章）。柞磨（2017）がICEモデルによる授業デザインにおいて，協働におけるアウトプットの意義などを挙げている通り，音声は生活と密着しているため個人では改善が困難であり，また，苦手意識は個人練習のみでは改善に結びつかない。そのため，同一の目標に向けた協同的な練習や討議によって苦手意識の克服や表現力の向上が見込まれる。以上から，他者との討議によって知識や考えを活性化させ［I］，それを直ちに授業内で活用し［C］，さらに後述する２回目のプロジェクトにおいて応用する［E］協同学習を採用した。

　PBL　　PBL（Project-based learning）の効果として，自立心の成長，コミュニケーションなどの複雑なスキルを伸ばすことなどが示唆されている（湯浅ら 2011）。本朗読の授業では，次の理由から，「朗読コンサート」というイベントをグループで作り上げることにした。討議や練習だけでなく，朗読者Ａ・Ｂの調和とともに，聴者（観客）を意識（図5-2）した音声表現になることを意図しているためである。また，デシとフラスト（Deci & Flaste 1999）は，「他者をどのように動機づけるか」ではなく，「どのようにすれば他者が自らを動機づける条件を生み出せるか」と述べているが，「朗読コンサート」というイベントを，各チーム，そしてクラス全体で作り上げることで真剣に取り組みたくなる支持的環境を形成するためである。

　２回のプロジェクトの実施　　三田地（2013）は，「ファシリテーターはその場に参加している人に力があると信じ，それを引き出す。最後にはファシリテーターがいなくなっても参加者の力が溢れ出すまでにする」と述べている。そこで授業者はファシリテーターとして，次の通り「朗読コンサート」を２回実施する（図5-1, 表5-1）。

　１回目は，授業者が，基礎的な内容について，各回のテーマに従って知識や理解［I］，グループや個人によるその場での活用［C］，朗読コンサート（1）および実生活での実践［E］ができるよう，ICEを繰り返しながら導いていくこととした。２回目はグループ主導でICEの技能が徐々に高度化していくことを意図した。また，人前での数多くの練習からコンサートという舞台での体験を通して，人前で話すことに対する羞恥心の段階的緩和と音声表現スキルの向上が期待できる。

　3）ツールの活用

　タブレットPCの活用　　鬼澤ら（2012）は保健体育教師教育の領域において，

e-Learning を活用した学修者の模擬授業の映像視聴による省察課題を通して，受講生の大半がこの授業を肯定的に捉え，「新たな気づきや発見につながり，省察に深まりがみられた」と報告している。対象や内容は異なるものの，映像視聴による振り返りによって，自己やグループの課題を自らないしはグループで理解すること［I］が可能になることが考えられ，表現力の向上が期待される。また，後述の音声表現の比較によって自己の変化の有無などについても自己認識［I］できるようにした。そのため，撮影や視聴が容易な「タブレット PC」の活用を採用した。

　ノートの活用　　学生の自由記述（授業内容・講義の進め方等に関する感想・要望等）に教師がコメントをする出席カード「大福帳（A4 または B5 版の厚紙のカード）」は，織田（1991）が考案し，「教師と学生の信頼関係形成」「授業内容理解と学習定着の促進─自己努力・自己変容の過程の確認」などの効果が報告されている。本朗読の授業では，この大福帳を参考に，次の内容を記述可能な「ノート」を採用した。記述内容は，各週の最初に，1 週間のコミュニケーションを中心とした実社会での応用［E］についての振り返り［I］と「各人の目標」の設定［I］をすることとした。前者は，音声表現スキルの実社会での活用意識の促進を，後者は，自己課題を意識した能動的な参加を意図した。また，各回の最後に，授業者による「問い」に対する考えや感想を記述［I］することで，深い理解や自己課題の意識化を意図した。

4）音声表現の比較

　音声表現の比較のため，第 2 回と第 15 回に，受講者全員が受講者の前で，実社会を想定した発話（約 150 字）と詩の朗読（82 字）[4] をすることとした。その際に先述のタブレット PC を活用し，2 回の音声表現を含めて映像を録画することとした。表現の仕方については，状況に応じた表現にするよう指示した。そうすることで他の学修者の前での発話，他の学修者の音声表現と自己との比較，タブレット PC による録画映像視聴による確認，1 回目と 2 回目の自己の映像の比較という 4 種の方法によって，同じ言語内容でも，音声表現の相違によって伝わり方が異なることや自己課題について（再）認識［I］することが期待されるため採用した。

4）実社会を想定した発話は，第 3 章と第 4 章の〈発話〉と同じである。また，「詩」は，ゲーテの「考えてもごらん」（飯吉（訳 2002））を採用した。

5) 音声行動学習プログラムの活用

朗読の授業の第3回では，第3章の「音声行動学習プログラム（約40分）」に，基礎練習（「外郎売」など）を加えて実施することとした。「音声行動学習プログラム」は，印象などの音声表現に関わる研究知見を学修者に紹介し[I]，発話速度や間など，話者の意思で比較的容易に変えられる音声を実践的に試してみる[C]要素が含まれている。この音声行動学習プログラムのみでも，実施直後において，音声に関する自己課題・改善方法の理解，音声に関する意欲の喚起，行動の変化の可能性があることがわかっている。このように，音声表現の基礎の理解が期待されるため採用した。

2 実施の概要と評価の方法

■ 2-1　調査対象

本調査を，A大学の「日本語の朗読」の授業で，通常の授業と変わりはないが，研究でもある旨を説明した上で，2014年9月〜2015年1月と，2015年4月〜7月に各15週（1回90分）を2回実施した。調査は，受講生の中から研究参加者の募集を行い，2〜4年生（2年生4名，3年生7名，4年生4名）の研究に同意した15名（A〜0とする）を対象に，面接調査を実施した（表5-3, 5-4）。まず話し方に関する学習経験や意識を15週の授業の第2回が始まる前までに，各30分から40分を使って確認した。次に15週の授業後の2015年1月〜2月（10名，受講生は16名）と2015年7月〜8月（5名，受講生は29名）に半構造化インタビュー（各40〜60分）を実施した。なお，本研究の実施校は女子大学であるため，研究参加者を含む受講生は全員女性である。

■ 2-2　質問内容

質問は，苦手意識と音声表現スキルについて探索的に検討するため，「印象に残っていることはあるか」「前と後，他者との比較は役立ったか」「話し方に関することで受講前と受講後で変わったことはあるか」「グループ活動でよかったこと，いやだなと思ったことはあるか」「随時，iPadで視聴してきたが，これは役立ったか」「ノートを活用していたか」についてであり，回答次第で具体的な内容も尋ねた。最も印象に残っていることを確認するため，最初に印象について質問した。その他の質問では，6つの目標（本章1節）についての認識とともに，協同学習やツールの活用

表 5-3　研究参加者の概要① （1 回目研究参加者：2014 年 8 月・9 月面接）

研究参加者 (学年)	話し方に関する学習や経験	話し方に関する意識
A (2 年)	小：発表多 中：発表少 高：発表少	親の指摘により，気づいた時には口を開けて話すようにしている。人前で話すことに対して苦手意識を持っている。苦手意識改善への意識はない。
B (2 年)	小：年に数回有 中：学級委員や代表として，話すこと多 高：人前で話すこと有，声楽経験有	敬語を意識している。人前で話すことに対する苦手意識を持ち，緊張感は大きい。
C (2 年)	小：発表多 中：発表有，指導された経験無 高：発表小 大：授業での発表有 ＊バレエ・吹奏楽・バンド経験有	プレゼンテーションの時など聴者に伝わるように意識しているが，聴者の顔を見られない。友人同士などとのコミュニケーションでは相手の立場を意識している。アルバイトでは面倒なことを言われても笑顔で対応するようにしている。
D (3 年)	小：ない 中：小さな発表有 高：ない	発表時に聴者が気になり落ち着きがなくなる。アルバイト先でことば遣いに気を付けている。人前で話すときの苦手意識は高校まではあったが今はない。
E (3 年)	小：運動会での声出し 中：発表多 ＊バンド経験有	留学生や小さい子に対してなど，人によって話し方を変えている。大学生になって発表前に滑舌練習をする。視線を合わすのが苦手なため全体を見渡すようにしている。アルバイト先では，姿勢，ことば遣い，みなりに気を付けている。
F (2 年)	小：発表有，指導はない 中：放送部所属	小学生の時，語尾伸ばしを指摘され，それ以来意識している。人前で話すときに苦手意識があり緊張する。
G (3 年)	小：週 1 回程度の発表有 中：音読のみ，指導された経験無 高：プレゼンテーション年に一回有（パワーポイントの作成が中心） 大：アルバイトで MC 経験有	笑顔とはっきり話すことに気を付けている。最近は苦手意識を持っていない。高校までは，人前で話す機会がなかった。経験を通して，人前で話すことを「やりたい」と思うようになった。
H (3 年)	小中：発表有，指導された記憶は無。音読の宿題での，大きい声で，句読点できるなどの指導有 高：プレゼンテーション有（パワーポイントの作成が中心）	少数でのコミュニケーションでは，目を見て話すことと相槌をするようにしている。人前で話すときは，まとめてから話すようにしている。早く終わらせようと考えてしまう。特に初対面の人に対して苦手意識を持っている。
I (3 年)	小～高：発表やや有 ＊日本語学習約 5 年（アジア圏留学生），日本に来てから発表多	正しい日本語を使用するようにしている。アルバイトでは敬語，数字をはっきり言うことを意識し，朝礼で毎回，挨拶の練習をしている。苦手意識を持っている。
J (4 年)	小：発表無 中学：発表有 ＊日本語学習約 5 年（アジア圏留学生），合唱経験有	アルバイト先で，はっきりわかりやすく，子どもに対してはやさしく話すようにしている。人前で話すことに対して苦手意識はない。ことば遣いに気を付けている。

表 5-4　研究参加者の概要②（2 回目研究参加者：2015 年 3 月・4 月面接）

研究参加者 (学年)	話し方に関する学習や経験	話し方に関する意識
K (3 年)	小：発表多 中：ない 大：発表等多 ＊吹奏楽経験有。教職課程。	語尾伸ばし，呼吸，笑顔を意識している。人前で話すことに対して苦手意識はない。
L (3 年)	小：あったが話せなかった，指導された経験無 中高：あまりなかった 大：発表多	わかりやすく，気持ちが伝わるように気を付けている。以前は人前で話すことに対して苦手意識があった。
M (4 年)	小：英語で発表多 中：部活の部長として多 大：プレゼン多	高校時代からことば遣いを意識している。話し方がきつくならないように気を付けている。アルバイト先で敬語に気を付けている。苦手意識はあるが意識しないようにしている。
N (4 年)	小：ない 中：英語の授業でスピーチ 高：部活の部長として多	敬語や相手が傷つかないように気を付けている。以前は人前で話すことに対して苦手意識があったが，今は強くない。強い緊張感のある場面を経験してから，それ以後，あまり緊張しなくなった。
O (4 年)	小：若干有 中：ない 大：多 ＊教職課程	敬語に気を付けている。相手に伝わるような話し方になるようにしている。人前で話すことに対して拒否反応はなくなってきており，苦手意識はあるが，今は楽しい。

などの採用した手法に基づきながら，「隠れたカリキュラム（hidden curriculum）」としての，予期せぬ問題点やプラスの影響（石井 2015）についてもデータを採取できるよう，かつ，誘導的にならず自由に回答できるよう質問した。

　なお本研究は，筆者の所属大学の研究倫理審査委員会の承認を得ている。事前に研究参加者全員から文書による同意を得た。面接は，筆者の研究室で実施した。筆者は授業者であることから，成績に関係ない旨を説明し，否定的な面も含めて忌憚なく話せるよう慎重に依頼し対応した。

■ 2-3　分析方法

　半構造化インタビューの際に採取した発話記録から作成した逐語録をデータとし，2 つの方法で分析した。まず本学修の目標（本章 1 節）に対する学修者の認識から変化について検討するため，目標に沿って，研究参加者全員のすべてのデータを，テーマ（目標）に沿って抽出し，分類（サブカテゴリー）した。さらに，意味の束にま

とめた（カテゴリー化）。次に目標に対する分類のみでは見出せない変化の意味等を掘り起こすため，質的データ分析手法 SCAT（大谷 2011）を用いて象徴的と考えられる 4 名（C，D，F，O）のデータを分析した。SCAT は，教育工学（たとえば，田中ら 2017）や日本語教育（たとえば，山元 2017）など多くの領域で使用されている。小規模データにも適用可能で，「〈1〉データの中の着目すべき語句」を記入し，「〈2〉前項の語句を言いかえるデータ外の語句」を記入し，「〈3〉前項を説明するための概念，語句，文字列」を記入し，「〈4〉テーマ・構成概念」を記入する。その上で，「ストーリーライン」を書き，理論記述を試みていくものである。大谷（2017）は，質的研究では，「量的研究では検討することが困難な研究課題を扱う」とし，その特性の 1 つとして，新規な事象や課題であるため利用できる既知の研究知見がないことを挙げている。また，質的研究について「たった一度しか見い出されない概念でも，その包括的，象徴的，他の概念との関連性，事象や行為に対する説明力，既知の重要な概念との強い関係性などによっては重要な概念だと評価するべき」と述べている。コミュニケーション能力は，複雑な要素が含まれているため学習の効果測定には困難を伴う。また，大谷（2019）は，SCAT について，ある程度定式的で明示的な分析手続きを持ち，採取したデータを全部使う，いわば「全データ使用性」を述べている。その SCAT を用いて，田中ら（2017）は，営業実習の週報から社員の学び方の学びと指導員によるその支援についての研究で，優れた成長の事例から，暗黙知を形式知として表出化している。本研究は，暗黙知を表出化するものではないものの，全データの使用によって，4 名（C，D，F，O）の「学修者の認識」を表出化させることで，深い意味の掘り起こしの可能性が広がり，学修者の能力の変化に関する示唆を得ることができると考えられるため SCAT を用いて分析した。

　なお，本研究は，学修者の認識を分析しているが，大谷（2019）は，質的研究では，変化が介入の結果であるかどうかを明らかにすることは困難であると述べている。すなわち，主観的な評価手法では，学修の効果を明らかにすることに限界がある。しかし，大谷（2019）は，質的研究では，どのような変化が生じたかは調べられ，意欲，意図，意識，意味，意義，気持ち，感じ方などについて，研究として扱うことを可能にすると述べている。すなわち，学修者があり方を自ら考え行動（表現）できるよう導くことが，本研究における学修にとって重要なことであり，学修者の意識や行動の意味など，どのようになっているのか検討することが妥当といえる。そのため，本研究では，効果を検証するのではなく，学修者の認識面から苦手意識や音声表現スキルの変化について探索的に検討し朗読の授業を評価することにした。

③ 学修者の変化

　目標（本章1節）に沿って分類した結果を表5-5に示す。複数の目標に関わる学修者の認識については，より関連が強いと考えられる箇所に分類した。また，「意欲」および「授業の課題」は，この朗読の授業の直接的な目標ではないが，分類に伴って浮上してきた重要な要素と考えられるため，「その他」として新たにカテゴリーを設けた。また，SCATによる分析の一部を表5-6に，研究参加者4名（C, D, F, O）のストーリーラインと理論記述を表5-7〜5-9に示す。

■ 3-1　人前で話すことについての苦手意識の変化

　授業実施前のインタビュー（表5-3, 5-4）で，苦手意識を持っていると述べた研究参加者は，A, B, F, I, M, Oの6名であった。Aの学修後のインタビュー（表5-5）で，苦手意識に関する直接的な表現は見られなかったものの，自己の成長，授業外での聞き取りやすさの実践，聴者に合わせた話し方，さらに，改善のためのグループ討議を積極的に行っていたことから，苦手意識は薄らいでいたことが推察される。BとOは羞恥心や緊張感の緩和について，Iはグループ活動によって朗読への勇気を得ており，心の余裕ができたこと，Mは自信がついたことを述べている（表5-5）。Fは経験者かつ上級者として他者にアドバイスをしていたことから，他者のスキル等を見ることで自信を持ち，苦手意識の段階を超えていたことが考えられる（表5-8）。

　また，授業実施前のインタビュー（表5-3, 5-4）で，苦手意識はないと述べていたJとKは，授業終了後（表5-5）に，毎回の発表による慣れ，良い緊張感（J），羞恥心や緊張感の緩和（K）について述べていた。この肯定的変化を支えていたのは，前述のJ（毎回の発表による慣れ，良い緊張感）とI（グループ活動による朗読への勇気），また，協同学習での，「責任感の重要性（D）」（表5-8），「グループ活動によるメンバーからの刺激（O）」（表5-9）にみられる通り，人前での繰り返しの練習や協同学習によるものと推察される。また，元来苦手意識はなくとも「羞恥心や緊張感の緩和」について述べている者がいた。「朗読」すなわち音声表現に注目することは，通常のコミュニケーションとは異なる表現や高度な技能を要する場合があるため，通常の「人前で話すこと」よりも，より羞恥心や緊張感等を伴うことが考えられる。そのため，通常「人前で話す」ことに対して苦手意識を持っていなくても羞恥心などを伴う場合がある。その場合でもグループ活動ゆえの勇気によって個人では困難な表現

表 5-5　学修者の認識

テーマ（目標）	カテゴリー	サブカテゴリー（研究参加者）
音声表現に関する知識の獲得	見え方・伝わり方の（再）認識	・自己の客観視（A, F, I, K, O） ・自己の感覚と実際との相違（E, J） ・音声表現の相違による伝わり方の相違（A, E, F, E, G, K, O） ・人による相違（C） ・視覚面による伝わり方の相違（C, K）
	改善内容・方法の（再）認識	・他の学修者からの学び（B, K, D） ・他の学修者との比較による自己課題の認識（M, O） ・考え方の気づき（N） ・音声表現の方法理解（A, D, F, G, H, I, J, N, O） ・視覚面の改善点（C, D, G, M, L）
	重要性・必要性の（再）認識	・音声表現の重要性（間：D, F, I, O, 明瞭さ：H, L, 発話速度：J, 明るさ：H, 内容との適合性：F, 強調：D）
	実生活との関連の（再）認識	・授業外での音声への意識（E） ・実生活との関連の確認（I, N） ・他の授業やアルバイトとの関連の実感（D, N）
音声表現に関する知識の活用	肯定的変化の実感	・基礎技能向上（L, K）（困難さの克服：C, M, 滑舌改善：A, E, L, N） ・自己の成長（A, D, J, K, L, M）（意識ないし無意識での行動改善：O, H, N, 意識変化有：C, O, 変化無：C） ・他者の上達（驚き：F, 評価：K, O, N）・他者への見方の変化（N）
	練習の継続	・個人的な基礎練習の継続（B, E, K）
	本授業外での活用	・生活での実践（間：M, 感情表現：J, 声への意識強化：E, 聞き取りやすさ：A）・アルバイトでの実践（B, G, K, O）
聴者に配慮した話し方への意識の向上	伝わり方の（再）認識	・繰り返しの視聴による伝わり方の相違の理解（G）
	必要性の（再）認識	・聴者への配慮の必要性の実感（B）
	個人・グループでの実践	・聴者に配慮した朗読のための討議（N） ・心の余裕による聴者への配慮（I） ・聴者の反応への対応（L） ・聴者に合わせた話し方への意識（A, I, N）
人前で話すことについての苦手意識の克服	羞恥心・緊張感の緩和	・羞恥心や緊張感の緩和（B, K, O）, 毎回の発表による慣れ, 良い緊張感（J） ・グループ活動による朗読への勇気（I）
	心の余裕	・心の余裕（I）, 度胸（K）, 自信（M）

表 5-5　学修者の認識（続き）

テーマ （目標）	カテゴリー	サブカテゴリー（研究参加者）
自己主導 性の向上	授業の方法	・グループ主導の準備，練習（L, N） ・改善のためのグループ討議（A, D, L, M, N） ・グループの創意工夫による効果（K, O） ・積極的な発言の必要性（I） ・学年差によるやりにくさの自己の工夫（傾聴）による克服（E） ・タブレット PC の新しい方法の発見（O）
	個人の意識	・上級生としての責任感（D, L, M, N, O） ・欠席してはいけないと思える授業（D）
	他者の様子	・他の学修者の予想外の取り組み意識の高さ（C）
協調性の 向上	意識	・学年差による緊張感からの慣れ（O） ・これまでとは異なるメンバーとの交流の喜び（A, C） ・学年を超えた交流の喜び（G, K, L, N） ・グループですることの責任感（K）
	実践	・良い点，改善点などの忌憚のない討議（K） ・不安から討議増への変化（C）
その他	意欲	・音声表現の改善意欲（F, L） ・他の学修者を見ての意欲向上（H, O），他の学修者の肯定的変化 　から自己の改善への意欲（J） ・客観的視聴による改善意欲の向上（D, I, K） ・自己課題記入による次回への意欲の促進（L） ・授業者によるコメント記入による意欲促進（K, L, N, O） ・朗読継続による理解（C） ・同級生への意識（C, M） ・他の授業での活用意欲（K）
	授業の課題	・羞恥心による映像視聴なしの削除（B） ・欠席者による不安感，負担増，やりにくさ（K, L, N） ・学年間の障壁（D），上下関係の壁（N） ・やる気や力の差によるやりにくさ（F） ・グループによる作品選択の困難さ（M） ・普段の仲間でないことによるやりにくさ（J） ・羞恥心による音量減での視聴（C） ・作業の多さによる視聴の不十分さ（C） ・各授業で自己設定した目標の授業内の忘れ（O） （⇔・書くことによる目標の意識化（K）） ・タブレット PC の数不足（K, L, O）

第Ⅰ部

第Ⅱ部

第Ⅲ部

表5-6　SCAT による分析の一部

発話者	質　問	テクスト	〈1〉テクスト中の注目すべき語句	〈2〉テクスト中の語句の言いかえ	〈3〉左を説明するようなテクスト外の概念	〈4〉テーマ・構成概念（前後や全体文脈を考慮して）
D	話し方に関することで受講前と受講後で意識が変わったことは？	授業を受けて，間が大事だとか，プレゼンとかでここ知ってほしいときに強調するとわかりやすくなるかなと，全部つまりつまりで話すと分かりづらいというのがわかりました。	間が大事だとか，プレゼンとかでここ知ってほしいときに強調するとわかりやすくなるかなと，全部つまりつまりで話すと分かりづらい。	間や強調など音声表現の方法の理解。プレゼンなどでの応用の仕方の理解。	知識の獲得。今後への活用。	音声表現の方法理解。知識の獲得。プレゼンテーションなどでの応用可能性。

表5-7　ストーリーラインと理論記述（C）

ストーリーライン C	C は，基礎練習の教材に使用した「外郎売」の魅力と，受講生の主体的取組を実感していた。また，C は，「朗読」という音声に注目する内容の焦点化と継続によって，音声を中心にした表現に関する意識を高め，技能向上の意義を実感し，表現方法についての意識の変化とともに，理解度の肯定的変化があったと認識していた。さらに，グループ活動が，異種な人とのコミュニケーションの機会となり，授業内外での交流の広がりがみられ，異種な人たちとのグループ活動の心理的側面の肯定的変化がみられた。しかし，自己と他の学修者との比較によって，表現力の相違について（再）認識し，知識を獲得しても行動の無変化を認識していた。また映像視聴を通して，自らの気づきの促進があったが，授業者側の課題（映像視聴の羞恥心，作業量の多さによる時間不足）について認識していた。
理論記述	・「外郎売」は，学修者を魅了し，練習意欲を引き出し得る。 ・行動面の肯定的変化にまで至らない可能性があるが，認識面では肯定的に変化し得る。 ・映像視聴は，自己認識を促進させ得る。 ・学修者は，主体的に活動できるようになっていく可能性がある。 ・異種な人との交流によって，協同学習における心理的側面の肯定的な変化の可能性がある。 ・授業者側の課題（映像視聴の羞恥心，内容過多）があり得る。

を試み，また，人前に立つことへの慣れによって，それらが自信に結びついていくことが考えられる。

　すなわち，繰り返しの人前での練習と協同学習を通して，人前で表現する勇気，責任感，向上心を持ち，苦手意識を克服していく可能性が高いと言えるだろう。

■ 3-2　音声表現スキルの変化

まず，表5-5から見ていきたい。I を除いた研究参加者が「知識の獲得」および

表5-8　ストーリーラインと理論記述（D, F）

D	ストーリーライン	Dは，グループ活動による「責任」や，学年差による協同学習の困難さを実感し，上級生のリーダーシップの必要性について体験的理解をしていた。また，音声表現に関しては，自己と他の学修者の実践によって個々の相違から望ましい音声表現の理解をしていた。さらに映像視聴によって，視覚面の確認やグループ課題の検討をするなど，音声表現の方法理解を通して，具体的な知識の獲得をしていた。そのため，プレゼンテーションなどでの応用可能性を感じ，他の授業でも活かし，2回目の比較を通して音声行動の変化を実感していた。
	理論記述	・協同学習を通して，責任感の重要性を認識し得る。 ・学年差を大きく意識し得る。 ・上級生は，リーダーシップの必要性を認識し得る。 ・音声表現に関する知識の獲得によって，他の授業等でも応用可能性を認識し得る。 ・他の授業などでも音声行動の変化があり得る。 ・映像視聴によって指示しなくても視覚面の確認やグループ課題の検討をする可能性がある。
F	ストーリーライン	Fは，初心者の技能向上の大きさを実感するとともに，音声表現の難しさを実感していた。また，個性や話し方による適切な表現方法の相違，公的場面で話す場合の内容に合わせた話し方の必要性，映像視聴によって人前での自己確認（姿勢・態度）をするとともに，顔の向きと声の響きとの関連について気づきを得ていて，既知のことである音声表現について，これまで以上に深い認識を示し，改善への意欲を示していた。さらに，グループ活動では，実力差，モチベーション差による困難さを感じ，上級者としてのアドバイスをしていた。
	理論記述	・初心者の大きな技能向上があり得る。 ・学修者は，音声表現の難しさを感じることがある。 ・技能面での上級者（学習経験者）であっても，これまで以上に音声表現について改善への意欲を持ち得る。 ・個性や話し方によって適切な表現方法の相違に自ら気付く場合がある。 ・公的場面で話す場合に内容に合わせた話し方の必要性に気付く場合がある。 ・映像視聴を通して，人前での自己（姿勢，態度）を確認するとともに，顔の向きと声の響きとの関連を認識し得る。 ・グループ活動では，実力差，モチベーション差による困難さを感じることがある。 ・その場合，上級者としてアドバイスをすることがある。

「知識の活用」について認識し，学修者の中には，授業外でも活用している者もいた。また，「聴者に配慮した話し方への意識の向上」では，伝わり方や必要性を実感し，個人ないしはグループで実践していたため，声に出すだけの「音読」が，聴者に対する「作品」としてより高度な音声表現が求められる「朗読（群読）」へと変化していく場合が考えられる。すなわち，学修者によって，基礎的な音声表現スキルの獲得に結びついていたり，高度な音声表現スキルを獲得していったり，定着にまで至ったりすることが推察される。それらは，「意欲」によって「自己主導性」が向上し，また，「協調性」によって，精神的な安定や安心感に結びつき，積極的な行動へと発展していくことが推察される。

表 5-9　ストーリーラインと理論記述（O）

O	**ストーリーライン** O は，同内容での比較を通して，自己と他の学修者との相違を実感し，映像視聴を通して，望ましい方法の理解や自己課題の気づきを得て，話の「間」の重要性などの音声表現に関する認識の変化があった。また，比較を通して意識・無意識による音声行動の肯定的変化や羞恥心の克服という成長の実感があり，同時に，改善への意欲や授業外での応用と変化の喜びを得ていた。それとともに，グループ活動においては，メンバーからの刺激を受け，また上級生としてリーダーシップの必要性を感じ，下級生を気遣いながら上下関係に基づいた協同学習を進めることで，初期の緊張感から後半の積極的参加となっていくのを実感していた。また，それと同時に，ツールの活用において，まずタブレット PC の使用によって，映像視聴による自己の客観視をしていたり，グループでの確認作業に活用していたり，新たな気づきの多さを実感したりしていた。また，他グループからタブレット PC の活用法の気づきを得ていたが，同時に，タブレット PC 不足を感じていた。次にノート使用によって，自己課題の確認をし，前後の週の活動連関ツールとなっていたり，教員から出される「問い」による学習の促進があったり，「教員のコメント」による意欲の向上に結びついていたりした。また，前半の個人ノート活用が，後半のグループノート活用になっていた。しかし，最初に自己設定しても授業中は，目標の無意識の状態にあった。

理論記述

・ポイントを理解し，音声行動の肯定的変化の可能性がある。
・音声行動の肯定的変化に喜びを伴う可能性がある。
・羞恥心を克服する可能性がある。
・授業外での肯定的変化があり得る。
・比較，映像視聴，他グループの行動が認識面の肯定的変化に結びつく可能性がある。
・グループ活動によってメンバーからの刺激を受け得る。
・上級生としてリーダーシップの必要性を認識し得る。
・上下関係に基づいた協同学習が展開される可能性がある。
・グループ活動は，初期には緊張感を伴うが，後半には積極的に関与していくようになる可能性がある。
・教員の「問い」による学習の促進や，教員のコメントによる意欲の向上があり得る。
・タブレット PC の使用によって，自己の客観視をし得る。
・ノートの活用によって，自己課題を確認し，前週の活動と連関する可能性がある。
・ノートに各人で設定する「目標」は，意義が薄い場合があり得る。
・タブレット PC 不足があり得る。

　次に，個別（表 5-7, 5-8, 5-9）にみると，研究参加者 C から，基礎練習の教材「外郎売」が練習意欲を引き出し，映像視聴によって，自己意識を促進させ，主体的に活用するようになっていき，たとえ行動面の肯定的変化には至らなくても，認識面では肯定的に変化しうることが考えられる。

　研究参加者 D から，映像視聴によって主体的にグループ課題を検討し，知識の獲得に伴い，他の授業等での応用可能性の認識とともに，音声行動の肯定的変化の可能性があることが考えられる。また，D は，印象に残ったこととして，「協同学習」を挙げていた。3 年生であることから，上級生としてリーダーシップの必要性

や，他の授業でのプレゼンテーションなどでの活用意識を持っていた。授業実施前からアルバイト先などでことば遣いを意識していたが，これまで意識してこなかった音声表現についても，その重要性や知識の獲得によって，授業以外でも活かすよう取り組んでいた。稲垣・波多野（1989：41）は，「現実的必要から学ぶ」ことについて，2つの条件を挙げている。1つは，学び手が，「自己の問題を処理する上で不可欠だと実感したものであること」で，もう1つは，「「必要」によってつくり出された目標と，それを達成する手段として学ぶこととの間に本質的に切り離せない関係があること」と述べている。Ｄは，前述の通り，学習の活用意識が高いため，現状では学習が困難というＤ自身の問題を処理しようという意識が働いていたことが推察される。また責任感について認識している通り，グループの朗読（群読）を成功させるという目標に対して，グループ活動を活性化する必要を強く認識していたことが考えられる。それが結果的に音声表現スキルの獲得に有用であったと推察される。

Ｆは，中学時代に放送部所属のため，経験者としての自負があり，他の学修者に対して指導者的な視点で評価（初心者の技能向上）し，先述（本章第3節）の通り，グループメンバーにアドバイスもしていた。一方で，Ｆは経験者であったが，音声表現の難しさ，改善意欲，自己と他者の比較から適切な表現の必要性，映像視聴によって具体的な方法の気づきなど，新たな知識等を得ていた。稲垣・波多野（1989：139）は，エキスパートが効果的に学習している1つの理由に，「もともと自分が熟達している分野について，いっそう学ぼうとする」ことを挙げている。学修者の中には，放送部や演劇部など関連の部活などを通して経験豊富な者がいる場合もあるが，そのような経験者はさらなる学習意欲を持って音声表現スキル等を高めていく可能性がある。

研究参加者Ｏから，自己と他者との比較，映像視聴，他グループの行動が認識面とともに授業外も含めた行動面の肯定的変化をもたらす可能性があることが推察される。また協同学習が学習意欲や向上心を高め，ノートの活用が前週との連関機能を持っていた可能性があり，音声表現スキルの向上を支えていたことが考えられる。Ｏは，4年生であり，かつ教職課程を履修していたため，これまで多くのプレゼンテーションなどの経験があり，人前で話すことに苦手意識はあるが楽しいと認識していた（表5-4）。すなわち，授業実施前から経験豊かで能力が高かったことが考えられる。稲垣・波多野（1989：144）は，問題解決の能力は，「その分野での豊かな，しかも構造化された知識があるか否かによるところが大きい」ことを述べてい

る。すなわちこの分野で既に充実した知識を持っていた場合，既知の知識を基盤にして問題解決をしていき，それが音声表現スキルの向上に結びついていく可能性がある。

4 音声表現スキル育成のための授業の課題

この朗読の授業の実施によって，学修者は，苦手意識を克服し，音声表現スキルを向上させていく可能性が高いことが推察された。しかし，分析を通してこれらの変化に影響を与えると考えられる実施上の課題が浮上した（表5-5）。物理的な面を除くと大きく2つある。1つは，協同学習の課題である。欠席者による負担増，学年間の上下関係の壁，やる気や力の差によるやりにくさ，嗜好の相違による作品選択の困難さである。もう1つは，ツールに関する課題である。映像視聴において学修者の中には，自己の映像に対して羞恥心を感じていたり，時間不足により視聴ができなかったりするため，視聴しないまま削除する者が出てくる場合があることである。

先述の通り，この協同学習と映像視聴は学修者にとって肯定的変化に結びついていく可能性があった。そのため，このような否定的な側面を改善することで，より肯定的変化の可能性が広がる。そのために，本研究における学修者の肯定的な変化を学修者に具体的に示すなど，学修者のモチベーションを高め，時間配分の調整や，多様な学修者に対して適宜対応していく必要があるだろう。

なお，インタビュー調査において，実践者（授業者）がインタビューをしたため，非対称な権力関係を完全に払拭することは困難であるが，多くの研究参加者が否定的な意見も含めて述べていたことから，研究参加者にとって比較的自由に意見を述べられる環境にあったことを報告したい。

5 まとめ

本章では，大学生に対するコミュニケーション能力向上のための音声表現スキル育成の授業をデザインし実施した上で，学修者の認識から苦手意識や音声表現スキルの変化について探索的に検討してきた。

知識面として，①音声表現に関する知識の獲得，スキル面として，②音声表現に関する知識の活用，③聴者に配慮した話し方の意識の向上，態度面として，④人前

で話すことについての苦手意識の克服，⑤自己主導性の向上，⑥協調性の向上という6つの目標を設定し，「朗読（群読）」の特性を活かし，「ICE」「協同学習」「PBL」「ツールの活用」「音声行動学習プログラム」を採用し，朗読の授業をデザインした。それを実施の上，学修者の認識から2つの方法で分析した。まず，6つの目標に沿ってそれぞれカテゴリーおよびサブカテゴリーに分類し，次に，SCATを用いて個別に分析をした。

　その結果，人前での繰り返しの練習や協同学習によって，人前で表現する勇気，責任感，向上心を持ち，苦手意識を克服することが推察された。また，協同学習，映像視聴，音声表現の比較，他グループの行動，ノートの活用によって，おおかたの学修者が，基礎的ないしは高度な音声表現スキルを獲得することが考えられた。また，必要性を強く認識したり，経験者はいっそうの学習意欲を持ったり，既知の知識を基盤にしたりしながら学修者は音声表現スキルを向上させていくことが考えられた。

　一方で，協同学習やツールに関する課題，そして音声表現スキルの改善にはさらに時間を要する場合があるという実施上の課題も掘り起こされた。また，学修者の認識は，実際と相違があることが考えられる点も視野に入れておく必要がある。

　第Ⅱ部では，音声表現スキルに注目してきたが，第Ⅲ部では，「音声表現」からさらに「コミュニケーション」に広げて検討していきたい。

第 III 部

話しことば教育の実践

　第 I 部，第 II 部では，コミュニケーションにおける音声表現の特徴，音声表現スキル育成による効果，指導法の検討，授業デザインなど，様々な視点から音声表現スキルを育成するための検討をしてきた。その結果，人前での繰り返しの練習や協同学習によって，人前で表現する勇気，責任感，向上心を持ち，苦手意識を克服することが推察されるなど，コミュニケーション能力育成に関する有益な示唆を多数得ることができた。

　第 III 部では，これまでのこの音声表現を中心にした実践的研究から得られた研究成果を基盤にデザインされた，実社会と連続性を有するコミュニケーション能力の学修のためのプログラム（以後，「話しことばプログラム」とする）について述べていく。

　第 6 章では，この話しことばプログラムのデザインについて述べ，第 7 章では，そのデザインに適合させた各科目の実践内容・方法について詳述する。

　第 8 章では，その第 7 章で実施した話しことばプログラムの各科目実施後の学修者の認識から，話しことばプログラムの特徴をとらえ，第 9 章では，就職活動後の学修者の認識から話しことばプログラムの有用性について考察していく。

第6章

話しことばプログラムのデザイン

　本章では，話しことばプログラムのデザインについて述べる。この話しことばプログラムでは，前述の通り，これまでの研究成果を基盤に，平野・柴田・大谷（2017）によって考案された3つのモデルと全体像（図 6-1，図 6-2）に即して授業を展開する[1]。

1　話しことばプログラムの3つのモデル

　まず，話しことばプログラムの3つのモデル（図 6-1）について述べたい。この話しことばプログラムの3つのモデルは，知識，技能，態度の観点で構成されている。

■ 1-1　相互作用モデル

　知識面の「相互作用モデル」では，コミュニケーションの技能や態度に関する知識向上を意図している。経験からの知識とは，学修者自身が，授業や，過去の経験も含めた実社会での経験を通して獲得していく知識である。外部からの知識とは，授業者から伝達される知識だけでなく，教室内の同じ学修者のコミュニケーション行動，自己のスピーチなどを撮影した映像視聴，アルバイト等での実践から獲得していく知識である。コミュニケーションに関する知識は，学修者が経験を通して獲得した既知の知識がある一方で，未知の知識もある（第3章）。そのため，前述の通り，授業者による教示が必要な場合がある。また，コミュニケーション行動は，普段の生活と密着しているため自ら改善しにくい一面があり，改善の必要性について

1）本章は，平野・柴田・大谷（2017）を基に大幅に加筆修正されたものである。本章に加筆修正使用することについては共著者から許諾を得ている。

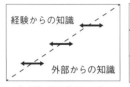 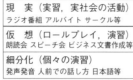 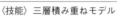 

〈知識〉相互作用モデル　　〈技能〉三層積み重ねモデル　　〈態度〉スパイラルモデル

図6-1　話しことばプログラムの3つのモデル

図6-2　話しことばプログラムの全体像

自身で強く認識する必要がある。そのため，未知のことについて教示するとともに，学修者が未知ないし既知のことについて認識しやすい学習方法にする必要がある。つまり，自己のコミュニケーション行動と他者のそれとの比較や，学修者同士の討議などによって，既知の知識を再認識し，未知の知識を認識することを意図している。すなわち，「相互作用モデル」では，これまでの経験や授業での実践を省察し，経験からの知識と，授業者や他の学修者など外部からの知識によって相互作用的にコミュニケーションに関する知識を獲得していくことを想定している。

■ 1-2　三層積み重ねモデル

技能面の「三層積み重ねモデル」では，平野（2017）で浮上した日本語表現，プレゼンテーションの方略，および思考の言語化に関する能力向上が意図されている。詳細は，平野（2017）に譲るが，たとえば，就職活動[2]をコミュニケーション能力育成の観点からみると，面接で話す内容やエントリーシートなどに記述する内容とともに，ことば遣いやわかりやすさなどの面で他者に配慮した日本語表現が必要となる。また，それらを聴者にどのように伝え，説明し，説得していくのかというプレゼンテーション方略が必要である。さらに，充実した経験やアイデアなどがあっ

2）就職活動は，通常，自己分析と業界分析，就職サイトエントリー，会社説明会，応募，採用選考，内定のプロセスを経る。

ても，その思考を言語化する力がなければ伝達することができないため，思考の言語化も重要である。就職活動における面接でのコミュニケーションと実社会でのコミュニケーションは同様とは言えない。しかし，これらは就職活動のみならず，その他の実社会においても必要と考えられるため，日本語表現，プレゼンテーション方略，思考の言語化を，話しことばプログラムの中心的な技能に据えている。

　この中心的な技能3点を次の方法で向上させていくことを想定している。ことば遣いや人前での話し方等の技能を細分化した基礎スキルのトレーニングをする段階が第一層である。朗読会やビジネス文書作成など，ロールプレイや演習課題をする仮想での実践段階が第二層である。学外での実習や，個々の実社会での実践段階が第三層である。各回の内容によっては，その通りにはいかないものの，可能な限り，毎回の授業および授業全体（15週）を通して，この三層になるよう展開していくことを想定している。

■ 1-3　スパイラルモデル

　態度面の「スパイラルモデル」では，各授業，また複数の授業によって，苦手意識の克服，学習意欲の向上，自信，責任，倫理の形成などがスパイラルに向上していくことを想定している。もともと人前に出ることに対して抵抗感がある者が一定数（第4章での調査では，約6割）みられたように，授業等では，人前で話すことに対して，苦手意識等の否定的な感情を持っている者がいることが考えられる。第4章で，人前で話すことを繰り返すことによって羞恥心や緊張感が減少し，楽しさ，やりがい，意欲などを持つことが推察された。また，第3章の学習プログラムを実施することで，音声行動改善への意欲がみられた。このようにコミュニケーションスキルのスタート地点は学修者によって異なるものの，「スパイラルモデル」では，人前で話すことに対して苦手意識を持っていても，継続的な練習等によって得た成功体験や慣れなどから，楽しさを感じ，「話す」ことの価値を認識し，また他者の「話す」内容や技能向上の様子などを見ることで相互作用的に学習意欲が増加する。様々な実践を通して困難を克服した上で成功体験によって自信を持ち，徐々に苦手意識克服から，責任感や倫理観に至るまでスパイラルに態度面が醸成されていくことを想定している。

2 話しことばプログラムの全体像

　次に，話しことばプログラムの全体像について述べる（図6-2）。コミュニケーション能力に関しては，学修者によって本来有する知識，技能，感情に相違があるため，学生は，全ての科目を履修しなければならないものではない。そのため，基礎的な学修を全員が履修し，応用的な学修は選択科目として，学修者各人の必要に応じて各科目を履修していくことを想定している。基礎的な内容を全員が履修することが望ましいのは，基礎的な内容について把握し，（再）認識していく必要があるというのはもちろん，コミュニケーションは生活に密着しているため，自身では問題に気づきにくいこと，学修者自身は得意なつもりでいても癖などが強いために聴者にはわかりにくいこと，コミュニケーションの在り方を理解しているつもりでも，実際には「できない」ことがあり，それについて認識していないことが考えられるためである。また，他者とのコミュニケーションや人前で話すことに対して苦手意識を持つ者は，実践的な学修を避ける場合がある。そのため，最初に基礎的なことを必修科目として履修し広く学習することで，自己の技能などを（再）認識し，今後の学習課題を自身で把握し，苦手意識をある程度克服し，その上で，よりテーマに沿った内容について学修していくことを意図している。そのため，後述する通り，基礎的な科目から応用的な科目まで，また，コミュニケーションに関する多様な視点で学修を進めることができるようにするとともに，次の3つの方法「動機づけの維持」「他者との交流」「実生活・他の授業」を各授業に採用し実施する。

■ 2-1　話しことばプログラムの内容

　話しことばプログラムは，大きく次の4項目に分類される。口頭表現の基礎学習，「書く」ことを通しての日本語表現の学習，プレゼンテーションの学習，統合的学習である。

　先述の通り，まず，〈必修科目〉として，口頭表現の基礎学習を履修し，全員が口頭表現に関する基礎を体験的に学習していく。次に〈選択科目〉として，その他の複数の科目を，学修者の興味・関心やスケジュール等によって自由に履修していく。「書く」ことを通しての日本語表現の学習では，実社会，特にビジネス的な視点からことば遣いやわかりやすさなどの考え方や表現の仕方，また，他者（読者）に配慮したコミュニケーションについて「ビジネス文書」などの文章作成を通して把握していく。プレゼンテーションの学習では，ビジネスでのプレゼンテーションの考え

方や方法について基礎から応用までを実践的に習得していく。学校教育では，学習したことを「発表」する傾向がみられる。しかし，ビジネスにおけるプレゼンテーションでは，詳細に深く丁寧に調べた内容について説明しても，限られた時間内に聴者に届き，最終的には，購買行動にまで至らなければ成功とは言えない場合がある。そのようなビジネスにおけるプレゼンテーションの基礎を意識して技能を向上させていくことを想定している。統合的な学習では，より複雑な内容・方法で展開可能な内容を想定している。後述する通り，筆者は，スピーチ，朗読，ラジオ番組制作によってそれを実施したが，各テーマに合わせて主にプロジェクト形式（PBL ＝ Project-based learning）で学習を進め，各テーマの内容を中心に総合的に学習し，コミュニケーション能力を育成する。この統合的な学習では，多様な学修者に対応できるよう，基礎的な学習とともに，高度な技能を要する内容も含めて実施し，高度な技能や意欲に溢れている学修者にとっても挑戦的な内容になるようにし，他の科目以上に多様な学修者に対応できるようにすることを想定している。

　このように，各科目で，最初に基礎的なことを確認することで学修者に既知や未知の知識の認識を促し，徐々に応用的な内容・方法になるようにすることで知識面・技能面・態度面を向上させていくようデザインされている。学修者は複数の科目を履修することで，基礎から応用までを繰り返し確認しながら実践していくことになる。

■ 2-2　中心的な習得技能と方法

　前節の〈技能（三層積み重ねモデル）〉において述べた図 6-2 の〈必修科目〉にある，「日本語表現」「プレゼンテーションの方略」「思考の言語化」は，〈必修科目〉のみではなく，〈選択科目〉においても，各科目の目的に合わせて，それらを意図して各授業を展開していく。図 6-2 の右側の「動機付けの維持」「他者との交流」「実生活・他の授業」についても，各科目の目的に対応させて実施していく。

　まず，「動機づけの維持」については，第 3 章および第 5 章で，動機づけの必要性が指摘された通り，各授業で，学修者への動機づけおよびモチベーションの維持をする。ベカルト（2013）は，動機づけの主要原則として，「生徒は，自分に期待されていると感じているとき，いっそう強く動機づけられる」「生徒は，行動と達成の間に安定した関連があると認識するとき，学習に対していっそう強く動機づけられる」「生徒は，教科に価値を見出し，明確な目的意識を持つとき，学習に対していっそう強く動機づけられる」「生徒は，学習活動に肯定的な感情を経験するとき，学習

に対していっそう強く動機づけられる」などを挙げている。そこで，授業者は授業時間内やノートへのコメントの際に，学修者に対して期待していること，音声表現スキル獲得の意義などを，随時教示するよう意識し，プレゼンテーションなどの本番の際には，学修者にプレゼンテーションの様子を撮影した映像を視聴してもらうなど肯定的な変化を自身で認識できるようにする。

　次に「他者との交流」については，学習（修）者間で演習をした方がクラス全体の音声行動の肯定的変化に結びつきやすいことが示唆され（第4章），かつ，人前で表現する勇気，責任感，向上心を持ち，苦手意識を克服することが考えられた（第5章）ため，話しことばプログラムでは他者との交流を充実させる。なお，その他者との交流の際に，緊張感を伴う学修者がいることが考えられる（第4章）。緊張感は必ずしもネガティブなものではないものの，それが強い場合に，苦手意識など否定的な感情になることが考えられる。そのため，人前に立つだけでも強い緊張感を持つ学修者が多いことが考えられる場合には，学修者が興味・関心を持ちやすい身近な内容をテーマにしたり，また，授業者がアイスブレークを入れたり，「温かく，肯定的な音声行動」（リッチモンド・マクロスキー 2006, : 119）[3] に留意したりすることで，学修者同士が話しやすい雰囲気になるようにしていく。一方で，学修者が，ある程度楽しさなどを感じ始めていけば，より高度な課題を課したり，より挑戦的な内容・方法を実施したりしていく。これは学修者のモチベーション維持も意図している。

　最後に「実生活・他の授業」については，話しことばプログラムの各科目が相互に関連があるだけでなく，他の授業や，アルバイト・サークルなど実生活とも関係が深いことから，話しことばプログラムの授業（中核的授業）と，実生活や他の授業とを連結させる（図6-3）。他の授業でのプレゼンテーションや，アルバイトでの顧客対応，サークルでの他者とのコミュニケーションなど，実生活と関連する内容は，図6-1 の〈知識〉の「経験からの知識」「外部からの知識」であり，〈技能〉の「現実」であり，図6-2 の「実生活・他の授業」に相当する。学修者は，授業の内容について授業中に集中的に考えたり，実践したりする。それをアルバイト等で活かす

3）リッチモンド・マクロスキー（2006：119-120）は，これまでのいくつかの研究を踏まえて，「肯定的な音声手がかりは，教師たちとよりたくさん話をし，教師たちからの説明を自分で探求することによって，より活動的に自分自身の学習に参加するように，生徒たちを勇気づける強化因子として役立つ。（中略）また，一般的に，肯定的な音声行動は，どの学生群においても改善を生み出す」と述べている。

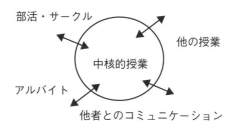

図 6-3　中核的授業と実社会との関連

よう実生活とのかかわりについて，随時，授業者が口頭で話したり，実社会でのコ
ミュニケーションについて，学習と関連する経験からの気づきや学びの実践などに
ついて学修者に書かせたり，さらに，それについて授業者がコメントを書いたりす
ることを通して，授業と実生活とを常に意識させ連結させていく。この授業と実社
会とのかかわりは，動機づけやモチベーションの維持も意図している。その他にも，
SNS の活用などを通して伝達したり，学修者の努力や成果を評価したりすることで，
実社会とのかかわりの（再）認識やモチベーション維持などの効果が見込まれる。

　なお，図 6-2 の〈選択科目〉の箇所の形（台形）の相違は，基礎的なことが多い授
業，応用的なことが多い授業，基礎的なことと応用的なことが同じレベルにある授
業があることを意味している。

　話しことばプログラムでは，数多くの実践（細分化，仮想，現実）や，前述の通り，
小さなプロジェクト型の内容・方法（仮想，現実）を多用する。第 3 章で，未知で
未習得な音声表現スキルについては，自身の音声行動や他者の音声行動を繰り返す
ことのみでは認識しにくく，かつ改善方法を理解しにくいことが推察された。一方，
既知の知識で未習得な音声表現スキルについては，自己の音声行動や他者の音声行
動を繰り返すことにより，改善方法を自ら理解する可能性が示唆された。これは音
声表現スキルに関することだが，コミュニケーションスキルにおいても適用できる
と考えられる。そのため，先述の通り，学修者にとって未知のことについては教示
するが，既知であったり，自ら理解することが可能であったりすることについては，
早々には教示せず，授業終了後も自ら行動改善や応用ができるよう，主体的に考え
認識しやすい環境にする必要がある。そのため，本章のデザインを適用させた実践
内容・方法について次章で詳述する通り，学修者が自身で気づき改善しやすくする
ために，プレゼンテーション学習などでの数多くの実践練習や，朗読やラジオ番組
制作などでの，より「本番」を意識しやすいプロジェクト型の内容・方法を多用し

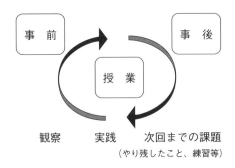

事　前

事　後

授　業

観察　　　実践　　　次回までの課題
（やり残したこと、練習等）

図6-4　事前準備・授業受講・事後展開の概念図

ている。ただし、学修者の多様性を考慮し、スピーチやプレゼンテーション等において人前で話した後に、様子を見て、既知と考えられる内容であっても、「本番」後のフィードバックやまとめとして確認する必要がある。また、実践後には、撮影した映像を直ちに個人やチームで視聴し、討議をしたり、コメントを書かせたりすることを通して、ただ実践するのみではなく、前述の通り、次に結びつく行動（自己課題）について、主体的に考える方法を想定している。

■ 2-3　話しことばプログラムにおける総学修時間

ところで、「学生には事前準備・授業受講・事後展開を通して主体的な学修に要する総学修時間の確保が不可欠である」（中央教育審議会 2012）。話しことばプログラムでは、その点において、図6-4の通り、観察、実践、次回までの課題を主体的にするようデザインされている。具体的には、スピーチやプレゼンテーションなどの内容について学習したり、情報収集をしたり、パワーポイント等の視覚資料を作成したりするだけでなく、アルバイト、サークル等、実社会で経験を積み、また、テレビやSNS上の動画などでのコミュニケーションの様子を観察し、良いと思ったことや自己課題を実践（改善）してもらう。授業時間内にも準備・練習の時間はあるものの[4]、授業では、「本番（人前で話すことや他者との交流など）」を想定し、個人ではできないことを主に実施するようにする。しかし通常、授業で「本番」として

---

4) 授業時間での準備・練習の時間は、プレゼンテーション等のテーマやルール、また方法等に関する授業者への質問や、テーマをうまく決められない学修者などに対し、例を伝えるなどの時間として使用する。

実践をするものの容易に自己が想定したようにはできないため，学修者は次回の授業（本番）に向けて，前述の準備をより強固にし，学習を展開させていく。そのため，この話しことばプログラムは，授業時間のみならず，実生活でコミュニケーションに関して思考したり，授業における自己課題を意識的に実践したりする時間も含めて話しことばプログラムとみなしている。

　コルブ（Kolb 2015）は，「学習のもっとも重要なことは，自然な経験やそこから学び継続的な探求」と述べている。この「話しことばプログラム」では，これまで述べてきた通り，体験的に実践しながら基礎的な学習をする必修科目を最初に履修し，その上で，各科目のテーマについての実践的な学習を継続的にしていくことで実社会と連続性を有するコミュニケーション能力の向上を目指すものである。すなわち，コミュニケーションに関することを幅広く学習し，その後，受講の有無や順番は学修者によるものの，スピーチ，プレゼンテーション，日本語表現，朗読（音声表現），ラジオ番組制作というように，複数の授業科目によって継続的，主体的に学修をすることで能力が向上していくことを意図している。

　このように，この話しことばプログラムでは，授業と実社会とを常に連結させ，学修者の主体性を重視し実践的に行うことで，知識，技能，態度に関して向上させていく方法を採用している。

　次章では，この3つのモデルと全体像を適用した，授業7科目の内容・方法について詳述していく。

第7章

話しことばプログラムの実践

　本章では，前章の話しことばプログラムの3つのモデルと全体像（図6-1，図6-2）を適用し，授業の概要を次の4つの項目に整理し述べていく。口頭表現の基礎学習，「書く」ことを通しての日本語表現の学習，プレゼンテーションの学習，統合的学習の4項目である[1]。先述の通り，これらは筆者の所属大学での実践であるとともに，第8章および第9章の調査にあたっての学修に関する実践内容・方法である。なお，関連の授業等の参考にしていただけるよう，各授業の方法に関して随時付記している。

1　口頭表現の基礎学習

　本節では，口頭表現の基礎学習に関する実践内容・方法について述べる。筆者の所属大学では，本科目（「日本語コミュニケーションⅡ」）を，初年度（後期）の口頭表現に関する必修科目として実施している。

■ 1-1　目標

　この科目の目標は，人前で話すことや対人コミュニケーションに関して苦手意識を克服し，口頭表現に関する基礎技法の習得を目指すことにある。具体的には，①人前で話すことに慣れること，②口頭表現の基礎技法を習得すること，③よりよいコミュニケーションのための在り方を考え，実践に役立てるようにすることである。

■ 1-2　内容・方法

　表7-1の通り，授業の前半（第1回〜第7回）は，発声発音やわかりやすく話すこ

1）第7章の一部は，Hirano（2019）および平野（2019）を基に加筆修正されたものである。

となど実践練習を交え，基礎的な内容を広く確認しながら進めた。後半（第8回～第15回）は，その応用的な演習として，まず，短時間（5分程度）の模擬の番組コーナーを制作した（図7-2）。次に，受講生である1年次生は，3グループに分かれ卒業前の4年次生3名と交流し，ことば遣い等に留意しながら，4年間の学生生活について話を聞き，最後に，これまでの学習を踏まえて，今後の学生生活についてスピーチをした。

　毎回の授業の主な進行を表7-1に示す。「毎回の授業の進行」にある「ノート」では，第5章の方法と同様に，①コミュニケーション[2]に関する1週間の振り返り，②この授業時間の自己目標，③授業中のメモ，④授業の感想，自己課題等について毎回記述し提出させた。授業者は，それに対して，学修者がより望ましい方向に向くコメントをするよう努めた。①の「コミュニケーションに関する1週間の振り返り」とは，アルバイト，サークル，他の授業等，授業以外のコミュニケーションに関しての振り返りとして気づいたことや学びの実践に関して記述するものである。学修者は，次回の授業の最初にノートを受け取り，授業者のコメントや前回の「自己課題」などを見ることで，毎回の「授業の目標」を自己設定するというように，各回の授業と授業とが，また実社会と授業とが連結する仕掛けとなっている。次に，アルバイト等で役立つマナーやことば遣いについて，ワンポイント程度の講義をする。それによって，実社会，とりわけ職業社会など公的場面でのコミュニケーションに対する意識を向上させるようにした。それは基礎学習であるとともに，動機づけの機能も持つ。引き続き，基礎練習として早口言葉を使って，滑舌練習をしてきた。滑舌練習は文字どおり滑舌のための基礎練習だけでなく，アイスブレークの機能も持つ。その後，その回のテーマとしている内容（講義，演習）をし，最後に，感想や自己課題などをノートに記述させるようにした。

　後半（第8回～第12回）の応用的な演習についてである。この番組コーナー制作では，アナウンサーなど話の専門家は，どのようにして聴者にわかりやすく，受け止めてもらいやすく話しているのか，普段何気なく視聴しているテレビ番組だが，実践することでアナウンサーなどと自己との相違から，自己の音声言語行動の在り方について認識してもらうことを意図している。なお，この番組コーナーは模擬で

2）第5章は，「音声表現」を中心にしたコミュニケーションについてであったが，ここでは，「音声表現」も含めた「コミュニケーション」として，「音声表現」に限定をしていないことから若干の相違がある。

表7-1　「日本語コミュニケーションⅡ」の授業概要

回／テーマ	内　容	主な目的	毎回の授業の進行
1〜7 日本語コミュニケーションの基礎	・オリエンテーション ・日本語コミュニケーション学習の必要性 ・発声発音の基礎 ・ものの言い方と心の姿勢 ・わかりやすく話すということ ・コンセンサス（協同学習のための準備） ・敬語・ビジネスマナー	・動機づけ ・基礎の把握と実践練習 ・人前で話すことへの慣れ ・アルバイト，サークル，他の先生方とのコミュニケーションに役立てること	①ノートの記入 ②ワンポイントマナー ③滑舌練習 ④テーマ（講義，演習） ⑤ノートの記入
8〜12 （模擬）番組コーナー制作	・放送を模しての話し方の実践練習 ①企画 ②台本作成 ③練習，台本修正 ④リハーサル ⑤本番	・スキルの向上 ・緊張感のある場面で話すことへの慣れ ・モチベーションの維持 ・コミュニケーション学習の応用	①ノートの記入 ②滑舌練習 ③講義や説明 ④演習 ⑤ノートの記入
13 上級生との交流（コミュニケーション）	・大学生活	・より良い学生生活を過ごすためのヒントを得ること（動機づけ） ・コミュニケーション学習の応用（ことば遣いの実践練習等）	①ノートの記入 ②滑舌練習 ③説明，上級生の紹介 ④上級生とのコミュニケーション ⑤ノートの記入
14〜15 スピーチ	・今後のキャリアや学生生活についてのスピーチ	・人前で話す（本番） ・苦手意識克服／自信 ・4年次生の話を参考にしての自己の計画作成 ・充実した大学時代にするための意欲向上 ・モチベーションの維持	①ノートの記入 ②滑舌練習 ③演習 ④ノートの記入

あり，実際に放送するわけではない。しかし，可能な範囲で教室内にスタジオのように机・椅子を配置し，マイクやマイクスタンドを使用した（図7-1）。また，カメラの映像を教室内のスクリーンに映しだすことで，模擬であっても「放送」を想起できる放送スタジオのような環境にした。お茶の間で観る映像を想定したこのスクリーンの映像によって，学修者は，「視聴者」として番組コーナーを視聴するとともに，目の前の出演者を見て，演者の在り方や聴者の視点をより認識しやすくした。さらに，出演者以外の学修者には，視聴のみではなく，順番に，スクリーン用と実

図 7-1　番組コーナー制作の様子

践後の視聴用映像の撮影やタイムキーパーなどのスタッフとしての役割を担っても
らい，演者に近い立場で観察するようにした。また，先述の通り，実践後撮影され
た映像を直ちに個人ないしはチームで確認することで，主体的に各個人・チームの
内容・方法について振り返り，今後の課題を認識できるようにした。

　この番組コーナー制作では，グループメンバーとともにトーク形式の番組コーナ
ー（約5分）を企画し，その同じグループメンバーで「出演者」の役も担った（図
7-2，図 7-3）。数名のグループでグループメンバーたちと協同的に準備し，企画した
ことを言語化し，視聴者にわかりやすくするための方略を検討し，ことば遣いや言
い回しなど，人前であっても，原稿を「読む」のではなく自然な会話に近づけるた
めに練習を繰り返した。なお，先述の通り，マイクの使用は，明瞭な音声を意識す
るためだけでなく，本授業の場合は，使用することで放送局でのスタジオを想起さ
せ，公的場面であっても，自然な語りで話す必要性を認識させる機能も併せ持って
いる。

　4年次生とのコミュニケーション（第13回）[3] については，1年次生が，卒業を目
前に控えた4年次生から，どのように学生生活を過ごしていたのか聞くことによっ
て，様々な情報を得ることができるようにした。この時，1年次生は，より充実し
た学生生活を送るための情報を得るとともに，わかりやすさやことば遣いなどを意
識して4年次生とコミュニケーションをとることで，これまでの学習を活かすこと
を目指した。

　最後のスピーチ（第14回～第15回）では，4年次生から得た情報を参考に，皆の

番組コーナーをつくる！　プロジェクト

目的：番組コーナー制作を通して、口頭表現を中心に、自分に必要なことを理解する

① アナウンサーはなぜわかりやすく好感をもたれる（ことが多い）のか？　見よう見まねにやってみる

② 番組制作にあたり情報収集等しっかり準備し、視聴者にとって意義あるコーナーづくりにトライする

③ チームの力を最大限に活かして番組コーナーを作り上げる

⇒ 　自分に必要なことを理解する

1　スケジュール

日付	スケジュール	備　考
	・チームづくり ・企画 ・その他、役割、スケジュール等 ・全体で報告 ・次回までに各人がしてくることの打ち合わせ	・随時、iPadで撮影し確認する ・台本を準備するが、本番はメモ程度のみで自分のことばで話す
	(1)　準備、練習 (2)　仮想スタジオでの練習 (3)　次回に向けての準備	・仮想スタジオでの練習は、順番に実施する
	(1)　準備、練習 (2)　仮想スタジオでの練習 (3)　次回に向けての準備	
	・リハーサル（本番通り） ・最終調整	
	本番	

2．ルール

・全員が出演（一言でもOK）

・チーム人数：3〜4人/チーム

・時間：5分/チーム

・視覚資料：必要

・番組コーナー名

　　　「京都（他地域でもOK）を100倍楽しむための知っ得コーナー」

・主な視聴者：成人（京都を楽しみたいと思っている人）

【内容例】
・香の文化
・京都の世界遺産
・○○カフェ
・バスの乗り方　など

3．方法例

（1）トーク番組　　　　　　　　　　　（2）司会+コメンテーターとプレゼンター

ゲスト

司会者

プレゼンター

司会者とコメンテーター

次のプレゼンター

図7-2　資料①番組コーナー制作の説明書

企画書 「京都を100倍楽しむための知っ得コーナー」

テーマ		
企画意図 （視聴者に 　伝えたいこと）		
内　容		
方　法		
ストーリー （簡易の台本）	右ページに記入	
スケジュール （自分たちの予定、 決意）	月/日	その日に何ができるようになっているか。何を準備しておくか記入する。
	月/日　リハーサル①	
	月/日　リハーサル②	
	月/日　リハーサル③	
	月/日　本番	
役　割		役割と名前

図7-3　資料②企画書

前で，充実した大学生活にするための方策等について，約１分のスピーチを行った。

　先述の通り，１年次生の必修科目であるため希望者が履修するだけではなく，やむを得ず履修する者や苦手意識を強く持つ者もいる。また，このような形態の授業を初めて経験する者が大多数である。第４章の結果から，人前で話すことに対して抵抗感がある学修者がいることもわかっている。様々な配慮を要するため，差恥心や抵抗感が強いと考えられる音声表現スキルの学習（第５章「日本語の朗読」）と同様に，ノートを活用し授業者とコミュニケーションをとるようにしたり，先述の通り，教室をテレビスタジオのように設営したりするなど，音声表現スキルの学習と同様の方法を採用した。また，授業者は，遊びの要素（早口言葉，番組コーナー制作など）を採用し，参加しやすくなるよう授業を進めること，強い動機付けをすること（実社会とのかかわりから「日本語コミュニケーション学習の必要性」[4]についての説明，毎回のノートの記入，協同学習，卒業前の４年次生との交流，スピーチのテーマなど），人前で話すときなどに学修者が納得できる成果を得られなくても問題ないという雰囲気を作ること（温かい授業の雰囲気づくり，ノートへの励ましのコメントなど）に留意した。このように，本科目は「話しことばプログラム」の３つのモデルと全体像に即してデザインされている（図7-4）。

■ 1-3　事前の準備

授業にあたって，以下を準備の上，実施した。

・A3用紙とペン[5]

3）筆者が所属する学科では，この科目を１年次の後期に実施している。４年次生との交流の回は，新年の初回の授業に実施した。そうすることで，新年に様々な情報を得て，新しい年にどのように過ごしていくのか考える機会とした。話題は，授業，資格，サークル，アルバイト，休日の過ごし方などについてである。３名の４年次生に依頼し，３つの討議スペース（ロの字）を用意し，クラスを３グループに分け，そこに座らせた。４年次生には約20分ごとに移動してもらい，すべてのグループで自由にコミュニケーションをとれるようにした。なお，初対面の４年次生と交流するのに，１年次生の中には緊張感を伴う者がいる。そのため，まず４年次生に自由に話してもらい，次に質疑応答になるよう４年次生に依頼し，１年次生が自由に質問しやすい雰囲気を作り，コミュニケーションを活性化させるようにした。

4）学修者の中には，なぜ日本語母語話者に日本語コミュニケーションの学習を大学で履修させるのか疑問に思っている者がいる。また，放送部に所属していたり，アナウンサーの専門学校等に通っていたりするなど上級者がいる場合もある。そのため，根拠を示しながら理由を説明した。

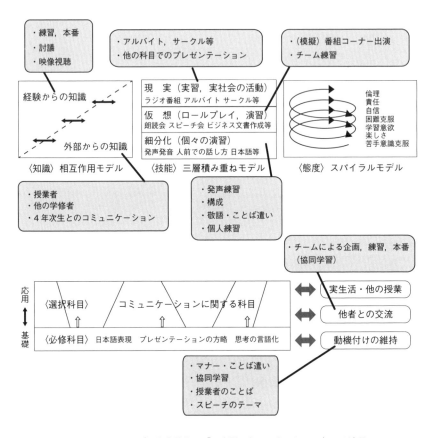

・練習，本番
・討議
・映像視聴

・アルバイト，サークル等
・他の科目でのプレゼンテーション

・（模擬）番組コーナー出演
・チーム練習

経験からの知識

外部からの知識

〈知識〉相互作用モデル

現　実（実習，実社会の活動）
ラジオ番組 アルバイト サークル等
仮　想（ロールプレイ，演習）
朗読会 スピーチ会 ビジネス文書作成等
細分化（個々の演習）
発声発音 人前での話し方 日本語等

〈技能〉三層積み重ねモデル

倫理
責任
自信
困難克服
学習意欲
楽しさ
苦手意識克服

〈態度〉スパイラルモデル

・授業者
・他の学修者
・４年次生とのコミュニケーション

・発声練習
・構成
・敬語・ことば遣い
・個人練習

・チームによる企画，練習，本番
（協同学習）

応用　↕　基礎

〈選択科目〉　コミュニケーションに関する科目

〈必修科目〉　日本語表現　プレゼンテーションの方略　思考の言語化

実生活・他の授業

他者との交流

動機付けの維持

・マナー・ことば遣い
・協同学習
・授業者のことば
・スピーチのテーマ

図7-4　3つのモデルと全体像の「日本語コミュニケーション」への適用

・タブレット [6]
・可動式机・椅子の教室
・マイク，マイクスタンド，スピーカー等，それに付随する機材

5）スピーチや番組制作等の際に，A3用紙を使って，キーワードやイラストを書き，フリップのように使用した。
6）複数の iPad mini を使用した。

2 「書く」ことを通しての日本語表現の学習

　本節では，「書く」ことを通して学習していく「日本語表現」の内容・方法について述べる。この科目は，2 ～ 4 年次の選択科目である。

■ 2-1　目標

　この科目の目標は，職業生活を中心とした実生活において，よりよいコミュニケーションとなるための日本語表現を学習することである。具体的には，①授業で扱った内容から，自分の考えを持つこと，②自分の伝えたいことを具体的にわかりやすく説明し，相手に正しく理解してもらうための文章が書けること，③正しい日本語の理解をベースに，マナーやビジネスシーンでの公的な文書の書き方までを含め，有効な意思伝達ができるよう，その知識，技能を習得することである。

■ 2-2　内容・方法

　この科目は，日本語の特質，ことば遣い，話しことばと書きことばの相違など，日本語表現に関する基本を確認し，日本語への意識を高め，その上で，今後，実社会で使用可能性のあるビジネス文書やビジネスメール，自己説明文（自己 PR 文）の作成を通して，ビジネス的な考え方を意図した日本語表現を修得していく。

　表 7-2 の通り，大きく 3 部構成で実施した。最初に，敬語等についてポイントを確認しながら，日本語に関して意識を高めるようにした。このときに，日本語に関する識者の対談記事などを教材に発言者の主張を把握し，その上で自分の意見や感想等を文章化し提出させた。次回に学修者の一部の文章を紹介した。その上で，その意見等やその回のテーマに関する自己の意見や感想などを文章にすることを繰り返した。その際に，評価に関わるため提出の際には記名してもらうものの，学修者が可能な限り本音で書けるよう皆の前で名前を紹介しないようにした。授業者は，随時，文章の書き方に関する良い点や改善点，また関連の内容についてコメントをした。ただし，学修者の意見（内容）に対して，原則，賛否の意見は述べず，自由に意見を述べられるよう多様な意見を歓迎する立場をとった。識者の考え，他者の文章や意見等を聞き自らも書くことで，動機づけや日本語学習に関する意識の向上など，表 7-2 の目的を意図している。また，これは，週をまたいではいるものの学修者間での間接的な議論の機能を持ち，ことばに関することであっても多様な考え方があるということを認識することを意図している [7)]。なお，この科目では，日本語

表7-2 「日本語表現」の概要

回／テーマ	内　容	主な目的	毎回の授業の主な進行
1～5 日本語の 基礎	・日本語の特質 ・話しことばと書きことば 　の相違 ・敬語・敬意表現 ・日本語をテーマにした記 　事等から日本語に関する 　考察	・動機づけ ・日本語や日本語学習に 　関する意識向上 ・敬語，文章の基礎の習得	①受講生の書いた前回分 　の文章の紹介 ②自分の意見などのメモ 　（文章作成） ③毎回のテーマ（講義， 　演習） ④文章作成，提出
6～14 ビジネス文 書・メール	・ビジネス文書（社外文書， 　社内文書） ・ビジネスメール	・動機づけ，モチベーショ 　ンの維持 ・実社会での「日本語」の 　必要性の認識 ・ビジネス文書・メール 　の書き方の習得	①講義 ②演習（課題） ③演習内容の解説 ④課題修正，提出 ＊随時，小テスト
15 まとめ	・自己の説明文章	・簡潔明瞭な日本語習得 　の確認	①講義 ②演習

表現やビジネスコミュニケーションに関して文章から習得していくため，他の「話しことばプログラム」の授業と異なり，学修者が授業中に発話をしない[8]。

次（第6週～第14週）に，ビジネス文書やビジネスメールの作成を通して，実社会での日本語の運用能力の必要性を認識しながら技能を習得していくこととした。ビジネス文書やビジネスメールは，将来役立つ可能性があるため動機づけの機能を有している。また，これらは，定型の表現を使えばよい面がある一方で，その意図するところには，相手先企業等に対して，失礼なく必要なことを書き，端的に読みやすい文章にする必要性など，読者への配慮が多様に含まれている。そのため，他者（読者）視点での考え方を理解しやすくなることが考えられる。さらに，特に職業場面では，スピードが重視されたり，効率が求められたりするため，限られた時間内での充実したパフォーマンスが求められるが，ビジネス文書やメールを作成することを通して，ビジネスコミュニケーションにとって，より望ましい日本語の文章作成に関する考え方の理解を深めることを意図している。このように，ビジネス文書やビジネスメールによる文章作成は，日本語母語話者であっても，日本語表現の学

---

7) 第5回までに提出された文章の中から，学修者にとって参考になる内容・書き方の文章を選択し，翌週に紹介した。
8) 文書作成時などに学修者同士で交流することは相互学習が期待されるため，他者に迷惑をかけるほどでなければ特に禁止していない。

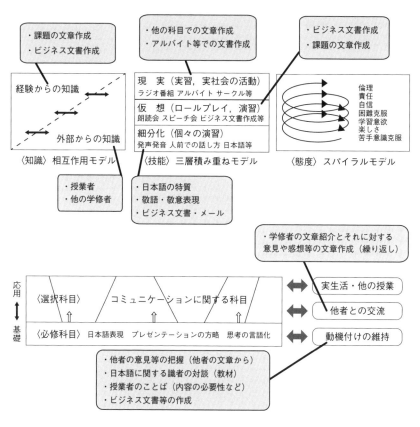

図 7-5　3 つのモデルと全体像の「日本語表現」への適用

習教材となり得るため授業に採用した。

　最後（第 15 回）に，この授業のまとめとして，就職活動時のエントリーシートを想定した自己説明文（自己 PR 文）の記述を課題にした。この自己 PR 文の作成では，自己を PR する内容になっていること，読者にとって理解しやすく明確な文章になっていることが求められる。すなわち，自己分析をする必要はあるものの，適切な日本語文章や他者視点の考え方を獲得しているか習得度を確認することを意図している。また直近の就職活動で必要になるため，適切な日本語表現の必要性をより強く認識することも意図している。このように実施することで，3 つのモデルと全体像に適合するようにした（図 7-5）。

授業にあたって，以下を準備の上，実施した。

・学修者全員分の PC のある教室

3　プレゼンテーションの学習①：プレゼンテーション演習

　本節と次節では，基礎的な演習科目である「プレゼンテーション演習」と，その応用的な演習科目「応用プレゼンテーション演習」の２つの科目について述べる。このプレゼンテーション科目は，クラス内で実施するため限界はあるものの，学修者が調べたことや考察などの発表ではなく，ビジネス上でのプレゼンテーションを意図している。そのため，聴者に対して伝達や説明だけでなく，「説得」することに比重を置いて実施した。いずれも２〜４年次の学生を対象とし，２年次に「プレゼンテーション演習」，３年次に「応用プレゼンテーション演習」の履修が望ましいが，その逆や一方だけの履修も認められている。また，プレゼンテーションについては，他の科目の中で，プレゼンテーションをする場合もある。前章の通り，他の科目でのプレゼンテーションの実践は，話しことばプログラムの３つのモデル〈技能〉の最上層である「現実」に，全体像では，「実生活・他の授業」に相当する。

■ 3-1　目標

　「プレゼンテーション演習」の目標は，プレゼンテーションの意義，目的，内容，進め方，ツールの活用等について学び，特に口頭表現・身体表現についての技法を習得することである。

■ 3-2　内容・方法

　「プレゼンテーション演習」の概要を表7-3に示す。前半（第１回〜第６回）では，発声発音，身体表現，話の組み立てに関する基礎学習をし，主に，A3 用紙（１〜２枚）に文字や関連のイラストを描き，学習したことを直ちに活かす短時間（約１分）のプレゼンテーションを行った。A3 用紙の使用については，キーフレーズなどを考え，同時に，聴者にとって理解しやすい視覚物とはどのようなものか体験的に実感していくこと，また，全員に PC を用意する必要がなく，短時間で準備が可能であることから，多くの時間を発話練習に割くことを意図している。なお，希望者にはパワーポイント等を使用することも認めた。

表7-3　「プレゼンテーション演習」の授業概要

回・テーマ	内　容	主な目的	毎回の主な進行
1～6 プレゼンテーションの基礎	・発声発音 ・身体表現 ・話の組み立て	・基礎知識の確認[9]，実践練習 ・知識の実践 ・人前で話す練習，慣れ	①発声発音練習 ②各テーマ（講義，準備・練習，本番） ③振り返りシートの記入
7～12 商品の提案	・チームで企画 ・部署内ミーティング ・社外プレゼンテーション	・協同学習 ・企画からプレゼンテーションまでの実践	①発声発音練習 ②演習（講義，準備・練習，討議，本番） ③振り返りシートの記入
13～15 まとめ	・プレゼンテーション	・学習のまとめ（技能テスト）	①発声発音練習 ②演習（準備・練習，本番） ③振り返りシートの記入

　後半（第7週～第12週）では，学修者が企業の社員になったと想定し，チームメンバー（3～4名）とともに，協同的にプレゼンテーションを作り上げていった。チームで商品の企画（図7-6）をし，社内の同じ部署内で検討してもらうことを想定し，他のチームにプレゼンテーションを実施した。そこで質疑応答やアドバイスをもらい，その上で，チーム内で討議をした（商品の検討）。引き続き，社内の役員の前であることを想定したプレゼンテーションを他チームと実施することで内容を充実させていった。最終的に，社外を想定してチーム内で役割分担し，クラス全体の前でのプレゼンテーションを実施した。そうすることで，自社と他社でのプレゼンテーションの相違を把握するとともに，順次，内容を充実させていくことを目指した。

　最後（第13回～第15回）に，既存の商品を1つ決め，これまでの学習を活かして個々でプレゼンテーションを実施した（実技テスト）。

　授業を通して，人前でプレゼンテーションをする際には，動画を撮影し，映像で各自のプレゼンテーションの様子を確認することで自己課題を把握できるようにした。また，毎回，後述する「スピーチの基礎」同様の「振り返りシート」を使用し，自己課題を記述し，それに対して授業者もコメントを書くようにした。このように，図7-7の通り，話しことばプログラムの3つのモデルと全体像に適合させた。

9）別途，筆者の所属大学には，「プレゼンテーション概論」という授業があるため，本授業では，基礎知識の確認をしながら演習を中心に実施した。

企 画 書

チーム名	メンバーの名前	

商品（名）
背景と問題点（現状・課題）
販売対象
企画目的（何のために、何を）
商品の概要（提案：アイデア、解決方法）
期待する成果（何が得られるか）
利益：売上げ－経費（仕入代＋人件費等）＊想像できる範囲で考えてみてください
販売方法（店舗販売、訪問販売、通信販売等）
売れる理由
留意点

図7-6　企画書（〇円（＋消費税）で販売する商品）

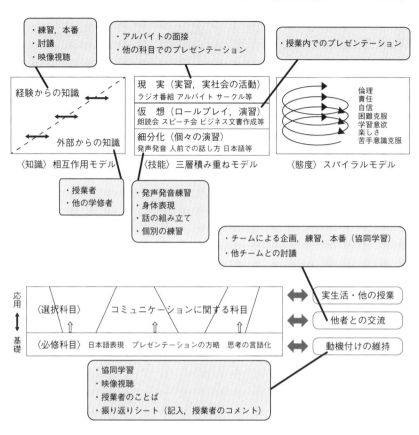

図7-7　3つのモデルと全体像の「プレゼンテーション演習」への適用

■ 3-3　事前の準備

授業にあたって，以下を準備の上，実施した。

・A3用紙（プレゼンテーションの数×人数＋a）とペン

・タブレット[10]

・可動式机・椅子の教室

10）タブレットは撮影で使用するとともに，随時，情報収集にも活用した。

4 プレゼンテーションの学習②：応用プレゼンテーション演習

■ 4-1　目標

「応用プレゼンテーション演習」の目標は，視覚資料の特性や作成上の留意点など
を理解した上で資料作成を行い，効果的なプレゼンテーションができるようになる
ことである。具体的には，①プレゼンテーションの基礎知識をもとに，視覚資料に
関する意義，種類，特徴などを理解すること，②商品企画など図表や図解表現など
を使った資料作成をしながら，臨機応変な対応も含めた実践的なプレゼンテーショ
ンの力を身につけることである。

■ 4-2　内容・方法

「応用プレゼンテーション演習」の概要を表7-4に示す。ビジュアル化の意義，視
覚資料の種類と特徴，資料引用と著作権，提示資料・配付資料の特徴と作成上の留
意点について学習をし，その後，学習内容を活かしたプレゼンテーションを実施し
た。知識面においては，テキストを分担させ，その分担箇所について説明をさせた。
学修者の説明によっては補足したり，内容によっては再度確認したりする必要があ
るものの，学修者にとっては，理解したことを直ちにプレゼンテーション（説明）
する練習も兼ねている。

　3回のプレゼンテーション（第1週～第3週，第4週～第7週，第9週～第11週）は，
全て学修者が個々で行った。最初に，前述の通りテキストを使用して基礎を確認し，
その後，その学習内容に留意し，与えられた課題で短時間（数分）のプレゼンテー
ションを実施した。その際，①設定（自分の所属と立場，聴者の立場，場面）につい
ての説明，②プレゼンテーションの実施，③質疑応答と聴者からのアドバイス，④プ
レゼンターによるプレゼンテーション実施の感想等を述べることとした。教室内で
実施するものではあるが，可能な限り臨場感を伴うよう，質問者側は，プレゼンタ
ーの設定した「聴者」を想定し，名乗り，質問をするようにした。聴者は，質問す
るためプレゼンテーションをよく聞き，質問やアドバイスをすることとした。プレ
ゼンターは質疑応答があるため，聴者視点でプレゼンテーションの準備を行い，自
身のプレゼンテーションに関する内容について十分に調査し熟考しておくこと，そ
の上で，プレゼンテーションの際には質疑応答に対して，臨機応変に対応すること
とした。このように実施することで，緻密な準備の必要性の理解と緊張感のある場
面で状況に合わせて発話する練習の場とした。第8週は，プレゼンテーションの視

表7-4　「応用プレゼンテーション演習」の授業概要

回／テーマ	内　容	主な目的	毎回の主な進行
1～3ビジュアル化の意義	・視覚資料のポイントと図解・図解を使ったプレゼンテーション（サークル，アルバイト等の仕組みや内容の説明）	・視覚資料のポイントの理解・図解作成とそれを使ってのプレゼンテーションの実践的練習・プレゼンテーション時の質問に対する応答練習・質問の練習・報告書の作成方法の理解・報告書作成を通しての自己のプレゼンテーション課題等の把握	①学習②演習・準備・練習・本番
4～7視覚資料の種類と特徴	・視覚資料の種類と特徴の理解・視覚資料を使ったプレゼンテーション（自分プレゼンテーション）	・視覚資料の種類と特徴の理解・視覚資料作成とそれを使っての実践練習・報告書作成を通しての自己のプレゼンテーション課題等の把握	①学習②演習・準備・練習・本番
8資料引用と著作権への配慮	・著作権	・プレゼンテーション時における著作権についての理解	①講義②討議
9～11提示資料・配付資料の特徴と作成上の留意点	・提示資料・配付資料の特徴と作成上の留意点・商品企画（社内プレゼンテーション）	・提示資料・配付資料の特徴と作成上の留意点の把握・配付資料等の作成とそれを使っての実践練習・報告書作成を通しての自己のプレゼンテーションの課題等の把握	①学習②演習・準備・練習・本番
12～15まとめ	・商品提案（社外プレゼンテーション）	・総合的な力の発揮	①実技テスト

第Ⅰ部

第Ⅱ部

第Ⅲ部

点から著作権について確認した。第12週～第15週は，まとめとして個々でプレゼンテーションを実施した。このように短いプレゼンテーションながらも様々なテーマでプレゼンテーションを4回（各数分）実施した。そのうち3回目までは，報告書を提出させた。4回目のプレゼンテーションは技能テストでもあるため，報告書を課さなかった。

　なお，報告書では，①内容について，②工夫した点について，③自己課題や感想などを書くことを求めた。その際，内容，わかりやすさ，文章のルール等が十分でない場合，再提出させた。自己課題の振り返りだけでなく，日本語などの基本的なことから，相手（上司などの読者）に不必要に時間をかけさせないようわかりやすく

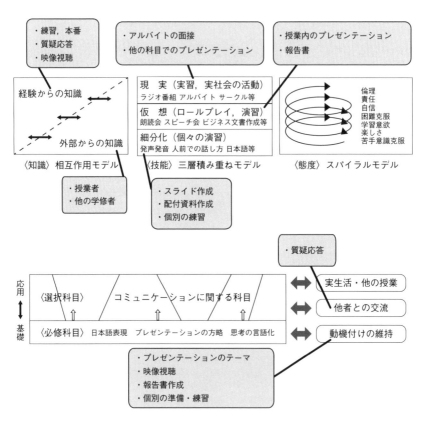

図7-8　3つのモデルと全体像の「応用プレゼンテーション演習」への適用

すること，またプレゼンテーションの内容が十分でない場合，報告書の記述が困難
となるため，報告書の作成は，充実したプレゼンテーションにするための機能も持
たせている。また，話しことばプログラムの他の科目と同様に，プレゼンテーショ
ンの際には，動画を撮影し，プレゼンテーション後，直ちにプレゼンテーションの
様子を確認し，自己課題を認識するようにした。

　このように，図7-8の通り，話しことばプログラムの3つのモデルと全体像に適
合するようにした。

■ 4-3　事前の準備

授業にあたって，以下を準備の上，実施した。

・A3用紙（プレゼンテーションの数×人数＋a）とペン

・模造紙

・タブレット

・可動式机・椅子の教室

5　統合的学習①：スピーチの学習

本節と次節，次々節では，統合的な学習としての，スピーチの学習，朗読（音声表現）の学習，ラジオ番組制作の各学習内容・方法について述べる。この統合的学習は，参加する学修者で授業を作り上げていく要素が強い。

まず本節では，スピーチの学習について述べる。この科目は，2～4年次の選択科目である。科目名を「スピーチの基礎」としており，統合的な学習の中でも，基礎的な内容を多く含む科目である。

■ 5-1　目標

この科目は，聞き手に受け入れられやすい話し方についての理解を深め，スピーチに関する基礎技法と考え方・心構えの習得を目指している。具体的には，①人前で話すことに慣れること，②スピーチチェックポイントを作成し，スピーチの改善に結びつけること，③スピーチのための準備・練習・本番を通して，難しさや楽しさを実感することである。

■ 5-2　内容・方法

授業では，表7-5の通り，2回のプロジェクトを実施し，その前後に，基礎学習，実践の振り返りをした。

まず，基礎学習（第1週～第4週）として，スピーチのための要点をつかむことと基礎練習を行った。前者では，短いスピーチ場面（複数の政治家のスピーチ，アナウンサー，一般の人の動画）を見てもらい，そこからスピーチのポイントを個人で考え，その後，グループで討議し，ワークシートに記入するようにした。それをクラス全体に口頭で報告してもらい，提出されたワークシートを授業者が集約し，それをクラスの「スピーチチェックポイント」とした。時間の関係上，この「スピーチチェックポイント」は，最終的に授業者が整理したが，自ら考え，他の学修者の意見を反映させることによって，具体的なポイントを理解しやすくするだけでなく，改善

第Ⅰ部

第Ⅱ部

第Ⅲ部

表7-5 「スピーチの基礎」の授業概要

回／テーマ	内　容	主な目的	毎回の主な進行
1〜4 基礎の確認	・オリエンテーション ・基礎の確認「スピーチチェックポイント」の作成 ・発声発音練習 ・スピーチ実践練習	・基礎の確認 ・基礎練習 ・動機づけ ・人前で話すことへの慣れ ・自己理解	①発声発音練習 ②テーマについての演習 ③振り返りシートの記入
5〜9 〈プロジェクトⅠ〉 話のプロとの実践	・アナウンサーを迎えての（模擬）番組制作 ①質問等の内容，順番，担当決め ②話し方，質問の仕方，態度等練習 ③就活を終えた4年次生をゲストに迎えてのリハーサル ④現役のアナウンサーをゲストに迎えての本番	・思考の言語化 ・望ましい話し方の把握 ・臨機応変の対応 ・就活への意識向上 ・協同学修 ・成功体験	①発声発音練習 ②グループ演習（準備） ③全体で演習（練習） ④グループ演習（打ち合わせ） ⑤振り返りシートの記入
10 学びの確認	・振り返り	・学びの深い理解	
11〜15 〈プロジェクトⅡ〉スピーチ	・他者紹介 ①ペアから情報収集 ②ペアと別れての2チーム（A，Bチーム）での準備（企画，進行等決定） ③各人でスピーチの準備・練習 ④各チームで練習 ⑤本番	・スピーチの力の向上 ・これまでの応用 ・聴者視点で考えること	①発声発音練習 ②演習（情報収集，チームでの準備・練習，本番） ③振り返りシートの記入

図7-9　プロジェクトⅠの様子

図7-10　各チームでの打ち合わせの様子

意欲に結びつく動機づけの1つとしての機能も持たせた。後者の基礎練習では，毎回，短時間の発声発音練習をした。また，スピーチチェックポイントを意識して，1分程度の短いスピーチをすることで，人前での発話に慣れるようにした。

　次にプロジェクトⅠ（第5週～第8週）についてである。ゲストとして現役のアナウンサーを招聘し話を聞いた（図7-9）。しかし，単純に「話を聞く」のではなく，テレビの番組を模して，質問や司会の役割を全員が担い，学修者で作り上げていく方法を採用した。具体的には，①仕事関連，②学生時代，③趣味等について質問をする3つのグループに分かれ，その質問のために，ゲストについて関連することを調べ，グループ内の質問案を検討し，順番や担当決めをした（図7-10）。さらに司会者も含め，質問方法や返答方法に関するルールもグループで検討し練習した。相手（ゲスト）のことを知った上で質問する意義等を経験的に理解していくことを意図している。また，ゲストの話題に対して，短いことばであっても何らかの返答をすることで，緊張感のある場面での臨機応変な対応の練習も意図している。司会は，主に意欲の高い者や高度なスキルを持つ者のための役割とし，その担当者のスキルによっては，高度な内容を要求した。模擬であるものの，オープニングとして，挨拶やゲストの紹介をし，ゲストと学修者とで質疑応答をする本編の後，エンディングとして，お礼や感想などを言って終了するため，個人，グループ，全体での準備・練習を徹底した。練習の際には，人前での発話練習の一環として，学修者がゲストの代理として対応した。そうすることで，高度なスキルを持つ者や意欲の高い者の発展的学習となることを意図している。ゲストを迎える直前回のリハーサルの際には，就職の内定を持つ4年次生にゲストの代理として対応してもらった。質問は，本番当日に予定している質問，ないしは就職活動に関する質問を選択できるようにした。

苦手意識を持つ者には，当日と同じ質問をすることで自信をつけてもらい，高度な
スキルを持つ者や自信がついてきた者に対しては，ここでも発展的な学習が可能な
ようにした。これらの過程を通して，ゲストとの本番では，余裕をもってゲストと
のトークに対応できるようになっていくことを意図している。また，リハーサル時
に就職活動に関することを話題にすることや，学外の社会人（アナウンサー）をゲス
トにすることで，実社会とのかかわりを持たせた。

　このように，プロジェクトⅠを通して，聴者・話者の視点を意識した内容，構成，
話し方，態度などの在り方を認識し自己課題を改善していくようにした。さらに，
苦手意識や緊張感が強い学修者であっても，準備したことばであれば少なくとも発
話できるようにし，最終的に成功体験となるよう努めた。

　プロジェクトⅡ（第11週〜第15週）については，これまでの学習を基盤に，ス
ピーチの練習をした。まず，2人がペアになり，お互いに質問をしあい情報を得た。
次に，その2人が別のチームになるようクラス全体で2チームに分かれ，そのチー
ムで前述のペアを紹介するスピーチの練習をした。このように各チームが相手チー
ムに楽しんでもらえるイベントを作り上げることを通して，聴者視点でのスピーチ
になることを意図している。

　なお，プロジェクトⅠ同様，可能な限り多様な能力に対応できる学習環境になる
よう，希望者（上級者など）には，全員が担う個人の役割に加えて，司会，企画，リ
ーダーなど，高度なスキル等を要求される役割も担うことができるようにした。他
方，その他の学修者は，自己のスピーチ練習に集中し，企画意図に適応した充実し
たものにすることでチームに貢献するようにした。そうすることで，全員のスピー
チ技能の向上とともに，苦手意識を持つ者にとってはスピーチへの集中，上級者に
とってはスピーチに加え，企画の立案やリーダーシップの発揮というように多様な
学修者に対応するようにした。

　毎回の授業の最後に，全員が，振り返りシート（織田 1991）[11] に自己課題や感想
等を記入し提出するようにし，授業者は，それに対してコメントをした。「口頭表現
の基礎学習」同様，学修者は，前回の課題を確認した上で，今回の自己課題を設定
することで，前後の授業と連結するようにした。このように，図7-11 の通り，3つ
のモデルと全体像に適合させた。

11）第5章参照。

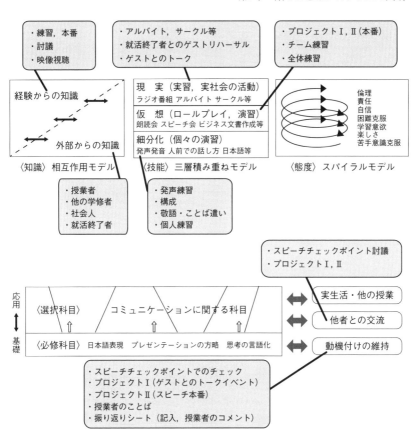

図 7-11　3 つのモデルと全体像の「スピーチの基礎」への適用

第Ⅰ部

第Ⅱ部

第Ⅲ部

■ 5-3　事前の準備

授業にあたって，以下を準備の上，実施した。

・ゲスト（依頼）

・就職活動について話せる企業等の内定者（4 年次生）へのゲスト代理（依頼）

・タブレット

・可動式机・椅子の教室

本節では，朗読の学習について述べる。朗読（音声表現）に関する学習（「日本語の朗読」）は，第5章の実践が基盤になって「話しことばプログラム」がデザインされているため，内容・方法等の詳細は第5章を参照していただきたいが，本節では，授業の概要を述べたい [12]。この科目も2〜4年次の選択科目である。

■ 6-1　目標

この科目では，発声・発音の基礎を習得し，豊かな音声表現を身につけるとともに，朗読の難しさや楽しさを味わうことを目指した。具体的には，①自己の音声表現を聞き，自己の音声表現の特徴等を知ること，②最初と最後の音声表現の違いから，その成長を実感すること，③羞恥心を克服し，豊かな音声表現を目指すこと，④皆で協力して朗読会を成功させること，⑤授業外でも，望ましい音声表現にすることである。

■ 6-2　内容・方法

表7-6の通り，2回の朗読コンサートを実施するが，授業の最初に同じ言語内容で，全員が動画の撮影をすることで，自己と他者の音声表現の比較とともに，学習前の音声表現の状態を記録した。第3回で，音声行動学習プログラム（第3章）によって，音声表現の職業生活とのかかわりや音声表現の相違に関する知識の理解とともに，基礎練習の内容・方法を把握した。その後，2回の朗読コンサートを実施した。1回目は，朗読の基礎についての講義をし，そのテーマを意識して授業者によって与えられた「詩」を，小グループ（3〜5名）で朗読練習をし，毎回，クラスの前でも実践練習をした。朗読ではあるものの，人前に出る機会を数多く経験することを意図している。その上で，リハーサル及び本番を実施した。2回目は，第1回と同グループで，グループごとに作品を選定し，1回目の朗読コンサートの反省や課題を踏まえ，グループ主導で準備・練習・リハーサルの上，朗読コンサートを実施した。クラスメンバーの前で実施する際には，常に撮影をし，直ちに視聴することで

---

12) 第5章の実践的研究の結果，動機づけの強化と時間管理が課題であったため，先述（第6章2-2）の通り，音声表現学習の意義を随時伝えるなど動機づけを強化して実施した。また時間管理については，タブレット数を充実させること，また全体の様子をみて，無理に内容等を詰め込まないようにした。

表7-6　「日本語の朗読」の授業概要

回／テーマ	内容	主な目的	毎回の主な進行
1〜2 イントロダクション	・オリエンテーション ・音声表現の聴き比べ	・自己と他者の音声表現の比較 ・自己の音声表現の変化を確認するための学習前の動画の撮影	①ノートの記入 ②説明／聴き比べ ③ノートの記入
3 基礎の確認	・音声行動学習プログラム ・発声発音練習	・音声表現に関する研究知見の把握 ・音声表現の基礎練習の方法把握	①ノートの記入 ②音声行動学習プログラム ③発声発音練習 ④ノートの記入
4〜8 〈プロジェクトⅠ〉 朗読コンサート (1)	・解釈 ・間 ・表現 ・練習 ・リハーサル ・朗読コンサート	・朗読に関する学習 ・協同学習 ・音声表現の向上 ・人前で話すことに対する慣れ ・聴者視点による音声表現の把握	①ノートの記入 ②基礎練習「外郎売」等 ③各テーマに関する講義 ④グループ演習 ⑤発表（リハーサル） ⑥ノートの記入
9〜14 〈プロジェクトⅡ〉 朗読コンサート (2)	・作品の選定 ・準備／練習 ・リハーサル ・朗読コンサート	・協同学習 ・1回目の朗読コンサートの応用 ・音声表現の向上	①ノートの記入 ②基礎練習「外郎売」等 ③グループ演習 ④発表（リハーサル） ⑤ノートの記入
15 まとめ 〈プロジェクトⅡ〉 スピーチ	・音声表現の聴き比べ ①ペアから情報収集 ②ペアと別れての2チーム（A，Bチーム）での準備（企画，進行等決定） ③各人でスピーチの準備・練習 ④各チームで練習 ⑤本番	・自己と他者および学習前後の音声表現の比較による変化と自己課題の把握	①ノートの記入 ②基礎練習「外郎売」等 ③聴き比べ ④まとめ ⑤ノートの記入

第Ⅰ部

第Ⅱ部

第Ⅲ部

音声表現を中心に自己やグループの課題を把握するようにした。最後に，授業の第2回と同様に音声表現の聴き比べをし，第2回と第15回との相違を確認し，また自己と他者を比較することで，自己の課題や変化を把握するようにした。この音声表現の聴き比べを含め，実践練習直後に視聴する映像は，自己課題の把握だけでなく，動機付けも意図している。

図7-12 （コンサートを模した）朗読会ステージ

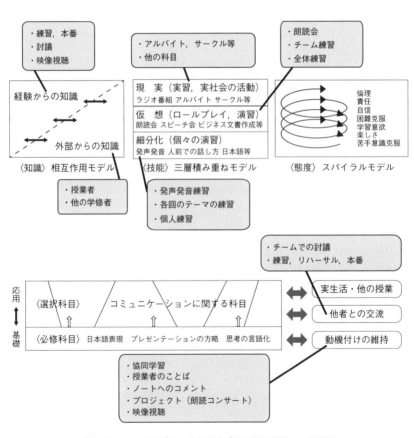

・練習，本番
・討議
・映像視聴

・アルバイト，サークル等
・他の科目

・朗読会
・チーム練習
・全体練習

経験からの知識

外部からの知識

〈知識〉相互作用モデル

現　実（実習，実社会の活動）
ラジオ番組 アルバイト サークル等
仮　想（ロールプレイ，演習）
朗読会 スピーチ会 ビジネス文書作成等
細分化（個々の演習）
発声発音 人前での話し方 日本語等

〈技能〉三層積み重ねモデル

倫理
責任
自信
困難克服
学習意欲
楽しさ
苦手意識克服

〈態度〉スパイラルモデル

・授業者
・他の学修者

・発声発音練習
・各回のテーマの練習
・個人練習

・チームでの討議
・練習，リハーサル，本番

応用 ↑ 基礎

〈選択科目〉　コミュニケーションに関する科目

〈必修科目〉　日本語表現　プレゼンテーションの方略　思考の言語化

実生活・他の授業

他者との交流

動機付けの維持

・協同学習
・授業者のことば
・ノートへのコメント
・プロジェクト（朗読コンサート）
・映像視聴

図7-13　3つのモデルと全体像の「日本語の朗読」への適用

　なお，図7-12は，本番用の会場の写真である。リハーサルと本番のみ，教室ではなく学内で使用可能なスペースを活用することで，学修者のモチベーションを高めるようにした。

　3つのモデルと全体像における「日本語の朗読」の実践は，図7-13の通りである。第5章での研究が基盤になっているため自明のことながら，すべてに適合するようデザインされている。

■ 6-3　事前の準備

　授業にあたって，以下を準備の上，実施した。

・マイクとスタンド（4セット）
・タブレット
・コンサート会場を模することができるスペース

7　統合的学習③：ラジオ番組制作を通した話しことば学習

　本節では，ラジオ番組制作（専門演習Ⅰ）について述べる。この授業は，番組制作という主要な目的があるが，他方，後述する通り，多様な要素を多く併せ持っている。

　この授業では，地元のコミュニティラジオの生放送番組に出演させてもらっている[13]。スタジオはスペースが限られているため[14]，多人数の授業には向いていないが，少人数ならではの細やかな対応が可能である。また，生放送であり，かつ聴取者がどのような人かわからないという緊張感がある。さらに，2〜3名でトークを展開していくため，メンバー同士のコミュニケーションが大変重要である。そのため，学修者の大きな成長が見込まれる応用的な要素を多くもつ授業である。

■ 7-1　目標

　ラジオ番組制作の目標は，他者と協力して聴取者に充実した時間を過ごしてもらえる番組にすることである。

13）地域のコミュニティラジオ局によるが，本授業では近隣に有料で出演できる放送局があるため，そこを活用している。
14）本授業の場合は，放送局のスタジオに，一度に3名まで入室可能である。

第Ⅰ部

第Ⅱ部

第Ⅲ部

表 7-7　ラジオ番組制作（「専門演習Ⅰ」）

回／テーマ		内　容	主な目的	毎回の主な進行
ラジオ番組制作	1〜3 基礎的学習 と企画	・ラジオ番組制作に関する学習 ・番組の企画，台本作成 ・放送局との打ち合わせ	・放送に関する学習 ・アナウンスの基礎練習 ・倫理的，視聴者視点の学習 ・自立・協同的な実践 ・ラジオの放送スタジオへの慣れ	①放送に関する学習とラジオ番組を模してトークの練習 ②企画，情報収集，台本作成 ③振り返りと次回について
	4〜12 練習，リハーサル，本番	・台本の修正 ・練習，リハーサル ・生放送出演	・話し方の向上 ・自立・協同的な実践 ・強度な緊張感への対応 ・時間管理	①打ち合わせ ②練習，台本作成・修正 ③振り返りと次回について
	14〜15 公開トーク	・ラジオ番組を模した公開トーク	・人前でのトーク ・臨機応変の対応	①打ち合わせ ②練習 ③振り返りと次回について

＊第13回は，一斉授業のため，別の内容を行っている。

■ 7-2　内容・方法

　この授業では，大きく2つの内容を実施した（表7-7）。1つは，ラジオ番組の企画を立て，ラジオの生放送に学修者が出演しトークを展開させ，番組を作りあげることである（第1週〜第12週）。もう1つは，大学のオープンキャンパスで，ラジオの公開トークを模して，参観者の前でラジオの公開番組のようにトークをすることである（第14週〜第15週）。

　まず，前者のラジオの生放送番組についてである。5名で30分の放送枠をとった。自律を原則に，可能な限り学生たち自身で進めることをルールにし，番組企画，台本作成，出演，放送局と放送日の調整，申込書の作成，当日の音響担当者との打ち合わせなどを学修者で進めるようにした（図7-14）。

　このように学修者には，準備・練習が多様にある。まず，放送局と放送日の調整をした。次に，ラジオ番組の特性を理解するため，放送についてわかる教材を使用し，事前に決められた箇所に目を通しておき，そこでの重要事項に関することや自分の意見などを述べるようにした。その際，マイクとマイクスタンドを使用しラジオ番組を模して発話することで，放送に関する学習だけでなく，思考の言語化とラジオ番組スタジオでトークすることに慣れるようにした。これらを前半30分程度で済ませ，直ちに企画や台本作成に取り掛かった。企画が固まってきたら，実際にラジオでのトーク内容について，マイクの前で話す練習をした。その際，録音をし，

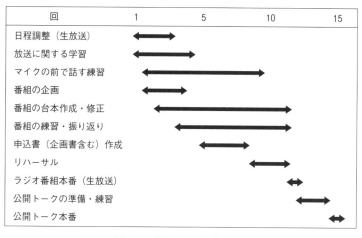

回	1	5	10	15
日程調整（生放送）				
放送に関する学習				
マイクの前で話す練習				
番組の企画				
番組の台本作成・修正				
番組の練習・振り返り				
申込書（企画書含む）作成				
リハーサル				
ラジオ番組本番（生放送）				
公開トークの準備・練習				
公開トーク本番				

図 7-14　学修者のスケジュール

図 7-15　生放送直前の打ち合わせの様子

自身やメンバーの発話を聞き，全員で討議し改善に努めるようにした。模擬ではなく実際に放送されるため，単にトーク内容を決めてそれを話せばよいというものではない。著作権等に問題はないか，発話の内容や話し方から聴取者を不快な気持ちにさせないか，充実した内容になっているかなど，さまざまに検討しながら本番と同じようにリハーサルを繰り返した。同時に，BGM を決めたり，申込書（企画書含む）を放送局に提出したりした。また当日持参する BGM 等の音楽（CD）の準備や音響担当者に渡すキューシート [15] などの準備もした。このように，1 回の授業で多

図7-16　ラジオ放送スタジオにて

くの作業が生じるため，毎回，短時間でも振り返りの時間を設け，次回までに準備してくることを自分たちで決め，個人でできることは授業外で準備をするようにした。

　次に，公開トーク[16]についてである。ラジオの生放送番組に出演した経験を活かし，人前でのトークを経験した。公開トークでは，ラジオ番組での公開トークを模して実施した。これは，前述のラジオ番組のように実際に放送はしないものの，目の前に聴者がいることによって，放送局のスタジオとは異なる緊張感が生じる。聴者に合わせて内容を修正し，授業内で準備，練習を2回に渡って実施し本番に臨んだ。このように，図7-17の通り，3つのモデルと全体像に適合させた。

■ 7-3　事前の準備
授業にあたって，以下を準備の上，実施した。
・マイク，マイクスタンド，ヘッドホン（各3セット）
・タブレット
・CD デッキ

---

15) ラジオ番組等で使用されるタイムテーブルを記したシートである。
16) この授業では，オープンキャンパスを活用し，高校生や保護者を対象とした公開トークを実施した。

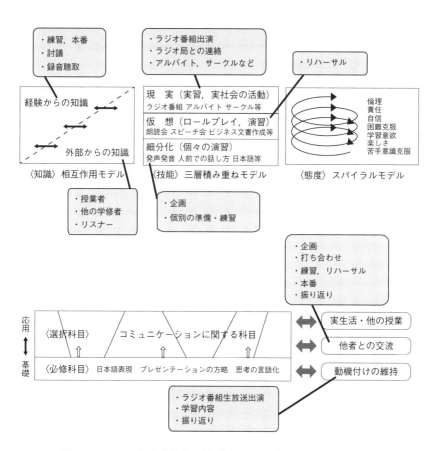

図7-17　3つのモデルと全体像の「専門演習Ⅰ（ラジオ番組制作）」への適用

8 話しことばプログラムに共通する実践方法

本節では，話しことばプログラムの各授業で，おおかた共通する方法3点について述べたい。

①人前での発話の際にはマイクを使用した。聞き取りにくい小さな声を聴者に「届く声」にするためには，マイク使用は望ましいとは言えない。しかし，このプログラムの授業では，原則，人前での発話の際にはマイクを使用した。マイクを使用することによって，大学生の音声行動の特徴（第2章3節）について話者自身が認識しやすくなること，また，日常ではなく，非日常，すなわち，プレゼンテーションの本番，スピーチの本番というように，「練習」ではなく，「本番」の環境への想起を容易にすることを意図している。②人前での発話の際には，原則，動画の撮影[17]をし，話者は，実施後直ちに，その映像を視聴した[18]。この映像視聴によって，自身の発話について振り返り，自己課題を自ら把握していくためである。なお，この撮影は，同じ教室内の学修者が全員順番に担当した。この「本番」の前に，約3名が決められた席に待機し，演者の次の学修者がタイムキーパー，その次の学修者が撮影，さらに次の学修者が撮影用カメラの準備をし，スムーズに進行されるようにした。また，この3名にとっては，これから本番を迎える前の心の準備も兼ねている。③スピーチやプレゼンテーションを1分程度とするなど，短時間での本番を多用した。可能な限り受講者全員に人前での発話の機会を数多く設けるためである。また，仕事を中心とした実社会において，要点を押さえて説明することは重要である。そのため，短い時間で端的に話す練習をするようにした。

9 まとめ

本章では，第6章で述べた3つのモデルと全体像に適合させた授業（4項目7科目）について詳述した。以下に各節をまとめる。

---

17) 本授業では，iPad mini を複数用意した。
18) 他者に自分の映像を見られないようにするため，視聴後，直ちに演者自身が削除をするようにした。そうすることで，撮影されることに対して抵抗感がある学修者にとって，抵抗感が緩和されることが推測される。学修者によっては，自ら AirDrop 等の機能を使って，自身のスマートフォンに送り，授業後，さらに自らの音声言語行動を改善するために視聴している者もいた。

　第1節「口頭表現の基礎学習」では，1年次生を対象に必修科目として，人前で話すことや対人コミュニケーションに関して苦手意識を克服し，口頭表現に関する基礎技法の習得を目指す授業を実施した。まず，広くコミュニケーションに関する基礎的な学習を行い，次に，それを応用する模擬の番組コーナー制作を行った。さらに，4年次生とのコミュニケーションの機会を設け，最後に，まとめとしてスピーチを行った。

　第2節「「書く」ことを通しての日本語表現の学習」では，2～4年次の選択科目として，職業生活を中心にした実生活において，よりよいコミュニケーションになるための日本語表現の習得を目指す授業を行った。まず，敬語等を確認しながら日本語に関する意識を高めるとともに，自分の考えを読者にわかりやすい文章にすることに取り組んだ。次に，ビジネス文書やビジネスメールの作成を通して，ビジネス的な考え方も含めて読者視点での文章作成をした。最後にまとめとして，自己PR文を作成した。

　第3節「プレゼンテーションの学習①：プレゼンテーション演習」では，2～4年次の選択科目として，特に，口頭表現・身体表現についての技法の習得を目指す授業を行った。まず，プレゼンテーションの基礎を確認し，次に，企業の社員を想定し，チームで企画の上，部署内でのプレゼンテーション，役員を前にしたプレゼンテーション，他社へのプレゼンテーションとして，企画した商品について，順次内容を充実させていった。最後に，まとめとして，個々で既存の商品についてのプレゼンテーションを行った。

　第4節「プレゼンテーションの学習②：応用プレゼンテーション演習」では，2～4年次の選択科目として，視覚資料の特性や作成上の留意点などを理解した上で資料作成を行い，効果的なプレゼンテーションができるようになることを目指した。まず，図解を使ったプレゼンテーションに取り組み，次に，模造紙を使ってプレゼンテーションをし，さらに，配付資料を使ったプレゼンテーションを行った。いずれも，要点を把握したのち，個々でプレゼンテーションを行い，質疑応答を通して臨機応変の対応ができるよう取り組んだ。最後に，まとめとして個々で既存の商品についてのプレゼンテーションを行った。

　第5節「統合的学習①：スピーチの学習」では，2～4年次の選択科目として，聴者に受け入れられやすい話し方の理解を深め，スピーチに関する技法と考え方・心構えの習得を目指した。まず，スピーチに関する基礎の確認をし，その後，2回のプロジェクトを実施した。1回目は，アナウンサーをゲストに模擬番組制作を行った。

それを通して，話者・聴者の視点で内容，構成，話し方，態度などについて把握し，向上していくようにした。2回目のプロジェクトでは，個々でスピーチの準備をするが，大きく2つのチームに分かれ，それぞれのチームで準備・練習をし，相手チームを聴者にしたイベント形式でスピーチを実施した。

第6節「統合的学習②：朗読（音声表現）の学習」では，2～4年次の選択科目として，発声・発音の基礎を習得し，豊かな音声表現を身につけるとともに，朗読の難しさや楽しさを味わうことを目指した。最初と最後に，自己と他者の音声表現の聴き比べを行った。また，最初に音声表現に関する基礎的な内容を学習し，2回のプロジェクト（朗読コンサート）をクラスで実施した。1回目は，朗読に関する学習をした上で，それを活かして詩の朗読（群読）を準備・練習し，2回目は，1回目の経験や課題を活かしてグループ主導で作品選定，準備，練習の上，朗読コンサートを実施した。

第7節「統合的学習③：ラジオ番組制作を通した話しことば学習」では，3年次のゼミナールで，ラジオ番組制作をすることを通して話しことばの学習をすることを目的に，他者と協力して聴取者に充実した時間を過ごしてもらえる番組にすることを目指した。大きく2つのことを実施した。1つには，学修者がラジオ番組を企画し，学修者自身が生放送に出演した。もう1つは，学内での人前で行う模擬のラジオ番組の公開トークを実施した。

第8節「話しことばプログラムに共通する実践方法」では，このプログラムに共通する方法について述べた。

主に共通する方法は，以下のとおりである。

①マイク使用によって，話者自身の音声の認識や，「本番」の臨場感を促すようにした。

②人前での発話映像を視聴することによって，自己課題を把握しやすくした。

③短時間で発話する練習によって，端的で要点を抑えた発話と数多くの練習機会を確保した。

第8章

話しことばプログラムの特徴

　前章では，話しことばプログラムの3つのモデルと全体像に沿って実施した7科目について詳述した。その話しことばプログラムを受講した学修者はどのように受け止めたのだろうか。本章では，これらの科目を受講した学修者の各授業直後の認識から話しことばプログラムの特徴をとらえていきたい[1]。

1　実施の概要と調査の方法

■ 1-1　実施の概要

　2017年～2018年に京都ノートルダム女子大学で，話しことばプログラムの各授業後にアンケート調査を実施した。アンケートの実施によって学修者の認識に影響が出ることを避けるため，授業前のアンケートは実施していない。授業履修者とその中で研究に参加した者は，表8-1の通りである。「応用プレゼンテーション演習」と，「専門演習Ⅰ（ラジオ番組制作）」については，人数が少ないため比較において十分ではないものの，傾向はみられるものとして載せている。授業履修者には，アンケート調査への参加・不参加は成績に関係ない旨，また中断や無回答によっても不利益を生じない旨を説明しその通り実施した。

　なお，必修の「日本語コミュニケーションⅡ」の受講者は，この科目が最初の話しことばプログラムの履修であるが，その他の科目については，その「日本語コミュニケーションⅡ」を除いて，初の履修の後にアンケートを回答する者がいたり，既に他の授業を複数履修していて，その後に回答している者がいたり，すべて履修後，

1）第8章の一部は，hirano（2019）および平野（2019）を基に加筆修正されたものである。

表8-1　各授業における研究参加者数

	授業履修者（名）	研究参加者（名）	研究参加者の割合（%）
日本語コミュニケーションⅡ	29	28	96.6
日本語表現	26	22	84.6
スピーチの基礎	23	22	95.7
日本語の朗読	16	14	87.5
プレゼンテーション演習	25	20	80.0
応用プレゼンテーション演習	5	5	100.0
専門演習Ⅰ（ラジオ番組制作）	5	5	100.0

最後の授業履修として回答する者がいたりしている。

■ 1-2　調査方法

　各授業後に，アンケート調査（自由記述）を実施した。アンケートの内容は，次の通りである（図8-1）。

　アンケート調査では，まず，具体的に質問する前に，その具体的な内容について想起しやすいよう学修の満足度について点数で示す箇所を設けた（1.）。次に学修者が，強く印象等に残ったことについて探索的に検討するため，自由記述を採用し回答するようにした（2.）。自由記述の内容は，知識，技能，態度・感情に関する肯定的な面と否定的な面の両面を質問し（(1)），補足的に，自己のみではなく，同じ学修者である他者についても質問すること（(2)）で，結果の信憑性を高めるように

1.　この授業に対する満足度について，10点満点の数字（1 ～ 10）をご記入ください。

（10点　　高　←　満足度　→　低　　1点）

2.　以下の項目について，箇条書き，あるいは，単語程度に，　自由に思いつく限りご記入ください。
(1) この授業を受講して，自分が成長したと思う点，成長しなかったと思う点
・わかったこと　　　　　　　　わからなかったこと
・できるようになったこと　　　できなかったこと
・自信がついたこと　　　　　　不安に思うこと
(2) この授業を通して，仲間（他の受講者）が成長したと思う点
(3) この授業を通して，就職活動や実社会で役立つのではないかと思った点
(4) その他（授業の感想，内容や方法に関する意見など）

図8-1　アンケート（自由記述）

した。また，この話しことばプログラムの根幹をなす実社会に資するものとなっているかについても質問し（(3)），その他，感想や意見など自由に記述できる項目を設けた。

ところで，NVivo は，QSR International（Qualitative Scientific Research International）によって開発された質的データの整理・分析ができるソフトウェアである。本研究では，研究参加者の「箇条書き」あるいは「単語程度」の質的データを扱う。そのため分析にあたって，データを何度も確認することが容易で，質的データの整理・分析ができる NVivo を採用した。

1つの質問ごとに，「知識・理解」「技法」「態度・感情」のカテゴリーに分け，コードを付した。コードについては，抽象的で大きな概念（プレゼンテーション，コミュニケーション，人前での話し方）や，具体的な内容が混在しているが，単語で回答している場合があるため，表現を変えると恣意的になる恐れがある。そのため，同内容については統合し付しているが，単語で回答した内容で統合することが困難な表現については，そのまま付している。

なお，筆者は授業者でもある。自由記述が中心の調査であるため，記述した文字によって授業者に特定されることを心配する研究参加者がいることが考えられる。そのため，質問紙は，回収後，研究参加者が見ている前で封筒に入れ封印し，そのまま「秘密保持契約」を結んだ契約者にデータ化してもらい，その電子データによって分析をする旨を説明し，そのように実行した。

なお，本調査は，筆者の所属大学の研究倫理審査委員会の承認を得て実施された。

2　話しことばプログラムの特徴

本節では，各授業直後の学修者の認識から，この話しことばプログラムの特徴をとらえていく。まず，各授業の満足度を表8-2 に示す。先述（7-1）の通り，口頭表現の基礎学習科目である「日本語コミュニケーションⅡ」は必修であることから，このような実践的な方法や，人前で話すことに対して，強い抵抗感を持つ者が他の選択科目と比較して多数いることが考えられるが，その科目も含め学修者の満足度は全体的に高かったと言える。

次に，自由記述をみていきたい。成長した点，成長しなかった点という肯定，否定の両側面から，知識（表8-3），技能（表8-4），態度（表8-5）について，さらに，知識・理解，技能，態度・感情の側面に分類した。

第Ⅰ部

第Ⅱ部

第Ⅲ部

表 8-2　各授業の満足度（10 点満点）

	平　　均	標準偏差
日本語コミュニケーションⅡ	8.6	1.11
日本語表現	8.8	1.13
スピーチの基礎	9.1	0.92
日本語の朗読	9.3	0.70
プレゼンテーション演習	9.2	0.93
応用プレゼンテーション演習	9.6	0.49
専門演習（ラジオ番組制作）	10.0	0.00

　知識（表8-3），技能（表8-4）に関しては，学習内容に即して「わかったこと」「できるようになったこと」というように否定的側面より肯定的側面の方が全体的に回答数が多かった。授業の中で中心的に扱った内容だけでなく，実践しながら学習を進めていくため，力不足や自己目標（日本語コミュニケーションⅡ）など，自己のできないことや苦手なこと，また難しさ（プレゼンテーション演習など）等についても理解していく者がいることがわかる。自己を理解し，難しさを実感していくことで，準備や練習の必要性を強く認識していくことが考えられる。また，「できるようになったこと」が各科目でそれぞれにある一方で，「わからなかったこと」については若干名，「できなかったこと」については，やや多くの者が回答している。そのため，「理解」していても「できない」ことがあることが推察される。「できなかったこと」に関しては，その内容について，各授業だけでは十分ではない者がいることがわかる。他方，「さらなる向上（スピーチの基礎）」や「さらなる改善（日本語コミュニケーションⅡ）」など，向上心が窺える回答もみられることから，学修者の中には，さらに高度な技能を求める者がいることが推察される。否定的な面では，具体的に回答していることから，各自，自己課題を認識していくことが推察される。

　態度面については，「自信がついたこと」とともに，「不安に思うこと」についても回答している者が多かった。各授業で自信がつくことがある一方で，各授業を通して「不安に思うこと」が解消されない，ないしは，この授業を通して，不安に思えることが顕在化したり，必要性を理解しても「できない」ことから不安に感じたりすることが推察される。また，知識面，技能面同様に，「不安に思うこと」として，「就職活動時の応用（日本語コミュニケーションⅡ）」「応用（日本語表現）」「即興でのトーク（ラジオ番組制作）」など，より高度な欲求へと結びついていくことが推察される。また，不安に思うことが，前述の自己課題に結びついていくことが考えられ

る。

　「この授業を通して，仲間（他の受講者）が成長したと思う点（以下，「仲間の成長」）を表8-6 に示す。各授業でそれぞれ回答が見られる通り，仲間の成長を認識しており，前述の知識，技能，態度面での学修者の肯定的な面を支持するものとなっている。学修者は，他の学修者との協同学習や人前で話す様子などをみて他者の成長を認識していたことが推察される。

　「この授業を通して，就職活動や実社会で役立つのではないかと思った点（以下，「実社会で役立つ点」）」を表8-7 に示す。いずれの科目も，知識面，技能面では「専門演習」を除いたすべての科目で，態度面では，「日本語表現」と「応用プレゼンテーション演習」を除いた科目で就職活動や実社会で役立つ内容についての回答がみられ，話しことばプログラムの科目を履修することで実社会で役立つことがあると認識する者がいることが推察される。また，学習内容だけでなく，（人前で話すことの）抵抗感緩和，緊張感緩和，自信，度胸などについても回答していたことから，心理的な側面も実社会で役立つこととして認識する者がいることが推察される。

　ところで，第5章の実践と，第7章6節の「日本語の朗読」は，先述の通り，若干改良[2] したものの，内容・方法は同じである。第5章では，インタビュー調査を学修者にしていることから学修者の認識について詳細な結果が見られる。そこで今回の調査（「日本語の朗読」）と表5-5 とで学修者の認識について比較してみたい。

　まず，知識面（表8-3）では，「非言語の重要性（音声）」が，表5-5 の「音声表現に関する知識の獲得」の「音声表現の重要性」，表8-3 の「感情表現の方法」が，表5-5 の「音声表現の方法理解」，表8-3 の「非言語の重要性（表情）」は表5-5 の「視覚面による伝わり方の相違」と「視覚面の改善点」に，また，表8-3 の「聴者視点の必要性」が，表5-5 の「聴者に配慮した話し方への意識の向上」の「聴者への配慮の必要性の実感」に相当する。

　次に，技能面（表8-4）の「音声」が表5-5 の「音声表現に関する知識の活用」の「基礎技能向上」「自己の成長」に相当する。態度面（表8-5）の「自信」「慣れ」「苦手意識緩和」が表5-5 の「人前で話すことについての苦手意識の克服」に相当する。

　「仲間の成長（表8-6）」の「音声」「感情表現」「朗読」は，表5-5 の「他者の上達」に，表8-6 の「チームワーク」は，表5-5 の「協調性の向上」に，表8-6 の「度胸」「自信」は，表5-5 の「人前で話すことについての苦手意識の克服」の「心の余裕」

2）動機づけ，および時間の使い方についてである。

表 8-3 参加者の認識〈知識・理解〉

（括弧（ ）内は人数，「知」は知識・理解，「技」は技能，「態」は態度・感情である）

	わからなかったこと		わかったこと
日本語コミュニケーションⅡ	発声練習の重要性（1）敬語・言葉遣い（1）	知	マナー（3），敬語・言葉遣い（6），人前で話すこと（1）対人コミュニケーション（4）自己理解（力不足のこと）（2），自己目標（1））
	癖の改善（1）	技	人前での話し方（音声（3），ジェスチャー（1），目線（1））他者からの学び（2）スピーチ全体（2），スピーチの構成（1）
	緊張緩和の方法（1）	態	緊張感緩和（2），楽しさ（1）
日本語表現	敬語・言葉遣い（4），ビジネス文書・メール（2）	知	ビジネス文書・メール（10），マナー（3），敬語・言葉遣い（9），話しことばと書きことばの相違（1）
	ビジネス文書の書き方（2）	技	ビジネス文書・メール（10），敬語・言葉遣い（1），パソコン操作（1），社会人として必要なスキル（1）
	サンプル資料の必要性（1）	態	ビジネス文書の難しさ（1）
スピーチの基礎		知	他者からの学びの必要性（1），自己理解（3），準備・練習の必要性（3），その他（1）
	さらなる向上法（2）	技	話し方（音声（3），ジェスチャー（2），目線（1），話し方全体（3）），聴者視点（3），内容・構成（2），スピーチの基礎（1）
		態	楽しさ（2），緊張感（1）
日本語の朗読		知	非言語の重要性（音声（4），表情（1））聴者視点の必要性（3），音声表現の印象の相違（2）感情表現の方法（1），コミュニケーション力の成長の可能性（1）
	音声（間の入れ方（1））	技	音声（10），日本語表現（1），表情（1），コミュニケーション（2）
		態	
プレゼンテーション演習	プレゼンテーションで大切なこと（1）	知	臨機応変の対応（1），非言語の重要性（表情（2），目線（1）），聴者視点（1），心の面（1），資料の重要性（2），プレゼンの重要性（1）・コミュニケーションの重要性（1）
	敬語・言葉遣い（2），自分の言葉で話す方法（1）	技	プレゼンテーション全体（10），非言語の重要性（音声（3），目線（2）），内容・構成（4），敬語・言葉遣い（1）
	緊張感緩和（2）	態	企画の難しさ（1）
応用プレゼンテーション演習		知	話す力の重要性（1），聴者視点（1），ことば遣いの難しさ（1），プレゼンの力の向上（1）
		技	資料作成方法（1）
		態	
専門演習（ラジオ番組制作）		知	表情と声の関係（1），公私の使い分け（1），リスナー視点（1）
		技	音声（間（1），速度（1）），話の展開への対応（1）
		態	難しさ（2）

表 8-4　参加者の認識〈技能〉

(括弧（ ）内は人数，「知」は知識・理解，「技」は技能，「態」は態度・感情である)

	できなかったこと		できるようになったこと
日本語コミュニケーションⅡ		知	
	音声 (6)，コミュニケーション (1)，人前での話し方（聴者視点 (3)，さらなる改善 (2)，間違えずに話すこと (1)，自分の言葉 (1)，長いスピーチ (1)）	技	人前で話すこと (6)，他者とのコミュニケーション (2)，内容・構成 (2)，臨機応変の対応 (2)，協同的な学習 (1)，敬語・言葉遣い (1)
	努力 (1)，緊張感緩和 (4)	態	緊張感緩和 (8)，自信 (1)，勇気 (1)
日本語表現		知	敬語・言葉遣い (1)
	敬語・言葉遣い (6)，ビジネス文書・メール (2)	技	ビジネス文書・メール (13)，敬語・言葉遣い (7)，PC スキル (2)
		態	
スピーチの基礎		知	
	非言語（音声 (2)，表情 (1)，ジェスチャ (1)），スピーチ全体 (1)	技	非言語（音声 (4)，表情 (2)，目線 (2)），スピーチ全体的なこと (3)，時間管理 (1)，構成 (1)，
	苦手意識克服 (2)，場に合わせること (1)，緊張感緩和 (1)	態	自信 (4)，苦手意識克服 (5) 緊張感緩和 (3)，欠点と向き合うこと (1)
日本語の朗読		知	
	音声 (3)，表情 (2)	技	音声（発声発音 (4)，間 (3)，イントネーション (3)，明るさ (3)，流暢さ (3)，リズム (2)，感情表現 (2)），工夫 (1)
	緊張感緩和 (1)	態	自信 (1)，苦手意識克服 (1)
プレゼンテーション演習	語彙 (2)，緊張時の対処 (1)	知	
	非言語（音声 (3)，流暢さ (2)，目線 (1)），応用 (4)，敬語・言葉遣い (1)）	技	話し方 (1)，目線 (2)，発声・発音 (1)，笑顔 (1)，内容準備 (6)，聴者視点 (1)，思考の言語化 (1)，敬語・言葉遣い (3)，プレゼンテーション全体 (2)
	緊張感緩和 (2)，反省（練習不足 (1)）	態	自信 (4)，苦手意識克服 (1)，緊張感緩和 (3)
応用プレゼンテーション演習		知	ppt の活かし方 (1)，見やすさ (1)
	非言語（目線 (1)，表情 (1)）	技	非言語（音声 (2)），聴者視点 (1)，自分の言葉 (1)，資料作成 (1)
		態	
専門演習（ラジオ番組制作）		知	
	癖の改善（笑い声 (1)），能動的発言 (1)	技	話し方の工夫 (1)，自然な話し方 (1)，思考の言語化 (1) 笑顔でのトーク (1)，時間管理 (1)
	多数の観客 (1)	態	

第Ⅰ部

第Ⅱ部

第Ⅲ部

151

表 8-5　参加者の認識〈態度・感情〉

（括弧（ ）内は人数，「知」は知識・理解，「技」は技能，「態」は態度・感情である）

			不安に思うこと		自信がついたこと
日本語コミュニケーションⅡ		知	敬語・言葉遣い（3）		ビジネスマナー（1）
		技	人前で話すこと（4），長いスピーチ（2），就職活動時の応用（2）		人前で話すこと（7），コミュニケーション（4）
		態	緊張感（2），苦手意識（1）		自信（9），慣れ（2）
日本語表現		知	敬語・言葉遣い（3），知識の持続（2）		マナー（2），日本語（1），ビジネス文書・メール（1）
		技	応用（4），敬語・言葉遣い（2），PC操作（速さ（1）），ビジネス文書・メール（1）		ビジネス文書・メール（7），敬語・言葉遣い（3）
		態	敬語・言葉遣い（2）		社会人としての自覚（2）
スピーチの基礎		知			自己理解（1）
		技	内容・構成（1），適切な表現（1），聴者への伝達（1）		
		態	自信のなさ（1），緊張感（1）		人前で話すこと（6），緊張感緩和（2），苦手意識克服（1）聴者による意欲向上（1）
日本語の朗読		知			
		技	音声（滑舌（1），メリハリ（1））		音声（4），話し方全体（3）
		態	緊張感（1）		自信（7），慣れ（2），苦手意識緩和（1）
プレゼンテーション演習		知	プレゼンテーションの内容（1）		
		技	非言語（聴者の目（1），音声（1）），聴者視点（1），言葉遣い（1），応用（1）		非言語（目線（1），音声（1）），自分の言葉で表現（1），人前で話すこと（1），話し方（1）
		態	不安（3），緊張感（2），パニック（2）		自信（9），慣れ（2），緊張感緩和（2），喜び（1）
応用プレゼンテーション演習		知			
		技	敬語・言葉遣い（2），音声（2）		暗記（1），敬語・言葉遣い（1），目線（1）
		態	緊張による表情（1）		人前で話すこと（2）
専門演習（ラジオ番組制作）		知			
		技	即興でのトーク，リスナー視点		情報処理（1）
		態			人前で話すこと（3）

表 8-6　参加者の認識〈仲間の成長〉

（括弧（ ）内は人数，「知」は知識・理解，「技」は技能，「態」は態度・感情である）

日本語コミュニケーションⅡ	知	
	技	話し方（3），敬語・言葉遣い（2），わかりやすさ（2） 内容作成（2），思考の言語化（2），聞く力（1），個性の発現（1）
	態	緊張感緩和（5），協同・協調（4），授業姿勢（1）， 聞き方（1），将来・夢の語り（1）
日本語表現	知	敬語・言葉遣い（5），ビジネス文書・メール（5），マナー（2）
	技	社会人としての準備（1）
	態	協同・協調（1）
スピーチの基礎	知	
	技	声の大きさ（1），他者とのコミュニケーション（3） 人前での話し方（顔の向き（1），表情（1），内容・構成（2），状況対応（1） スピーチ全体（1）
	態	緊張感緩和・楽しさ（1）
日本語の朗読	知	
	技	音声（5），感情表現（4），朗読（1），チームワーク（1）
	態	度胸（1），自信（1）
プレゼンテーション演習	知	方法理解（3）
	技	話し方・伝え方（4），プレゼン全体（3） 非言語（表情（2），音声（1），目線（1）） 内容・構成（2），敬語・言葉遣い（2），視覚資料（1），聴者視点（1）
	態	協調・協同（3），自信（2），意欲向上（1）
応用プレゼンテーション演習	知	伝え方（1）
	技	スライド（3），話し方（1），音声（1），言葉遣い（1）
	態	プレゼンテーションの態度（1）
専門演習（ラジオ番組制作）	知	
	技	スムーズなトーク（2），積極的なトーク（1），人前で話すこと（1）
	態	協力姿勢（1）

表 8-7　参加者の認識〈実生活で役立つ点〉

(括弧（ ）内は人数，「知」は知識・理解，「技」は技能，「態」は態度・感情である)

日本語コミュニケーションⅡ	知	敬語・言葉遣い（4），マナー（2），自分の言葉で話すことの重要性（1）
	技	スピーチ・プレゼンテーション（8），就活・面接（5），自己アピール（2），発言の仕方（1），場慣れ（1），自分の言葉で話すこと（1）コミュニケーション（1）
	態	緊張感緩和（1）
日本語表現	知	敬語・言葉遣い（2）
	技	ビジネス文書・メール（2）
	態	
スピーチの基礎	知	就活の話題（1）
	技	面接（1），自己主張（1），コミュニケーション（2）
	態	緊張感緩和（2）
日本語の朗読	知	音声表現による印象の相違（3）
	技	就活（5），電話応対（1），人前で話すこと（2），プレゼンテーション（2）音声（明るさ（2），わかりやすさ（1）)
	態	度胸（1）
プレゼンテーション演習	知	アピール方法（1），聴者視点（1），話す練習（19
	技	プレゼンテーション（6），コミュニケーション（1）思考の言語化（5），伝え方（2），協調・協同（2），聴者視点（2），内容・構成（2）音声（1），応用（1）
	態	自信（2），抵抗感緩和（1）
応用プレゼンテーション演習	知	敬語・言葉遣い（1）
	技	プレゼンテーションの力（3），人前で話すこと（2），スライドの作成（1）企画力（1），就活での面接（1）
	態	
専門演習（ラジオ番組制作）	知	
	技	プレゼンテーションスキル（1），人前で話すスキル（1），ことばの選択（1）
	態	自信（3），就職活動への自信（2）

「度胸」「自身」に相当する。「実社会で役立つ力（表8-7)」の「音声表現による印象の相違」は，表5-5の「音声表現に関する知識の獲得」の「音声表現の相違による伝わり方の相違」に相当する。

　すなわち，表5-5の「テーマ」という大きな概念ではあるものの，「自己主導性向上」を除いて，表8-3～8-7の各項目に該当していたといえる。表5-5の「自己主導性の向上」は，自分の意志で行動する態度が改善していくことであり，グループ活動や積極的な発言等も含まれている。表8-3～8-7にその直接的な回答はないものの，表8-3において「コミュニケーション力の成長の可能性」や，技能面での「コミュニケーション」の回答が見られることから，表5-5に相当する可能性が推察さ

れる。このように，今回の研究方法では，回答が，箇条書き，あるいは短文による
アンケート（自由記述）調査であるため，学修者の認識に関して詳細はわからないも
のの，同様の傾向がみられる。このことから，今回の結果は，第 5 章の結果を支持
するものと言え，「話しことばプログラム」の「日本語の朗読」以外の授業において
も同様に，今回限りの結果ではなく，実施によって学修者は表 8-3 ～ 8-7 の認識と
なる可能性があることが推察される。

　ただし，先述の通り，全員が一律に知識，技能，態度を肯定的に獲得していると
いうことではない。また，学修者によって，「できる」のレベルに相違があることも
考えられる。すなわち，この「話しことばプログラム」は，学習内容を中心に，そ
れぞれの学修者が，弱点を克服したり，得意な点をさらに向上させたり，自己につ
いて新しい気づきを得たり，自信を持ったりと，各人の課題について主体的に多様
に獲得していくことを可能とするプログラムであるといえる。また，学修者によっ
ては，高度なスキルに対する欲求という肯定的な面とともに，理解しても「できな
い」という否定的な面が混在していた。さらに，「できない」ことが明確になり，「不
安」などが顕在化し，それが「自己課題」となっている者がいることが考えられた。
そのため半期の 1 科目では十分とは言い難い側面がある。話しことばプログラムが
学修者の主体性を重視し，各自で自己課題を設定し実践していく方法を主にとって
いるため，高度なスキルを持つ者にとっては，さらなる向上を求め，苦手意識を持
つ者にとっては，例え，それを克服するところまで到達してもスキル獲得にまでに
は至らない場合があることが考えられる。いずれにしろ，半期の 1 科目のみではな
く，学修を継続していくことが望ましい。継続的な学修を可能としているのもこの
話しことばプログラムの 1 つの特徴と言えるだろう。

　このように本章では，各授業直後の学修者の認識を通して，話しことばプログラ
ムの特徴を検討してきた。しかし，学修者は，時間が経過しても，この話しことば
プログラムで獲得してきた知識，技能等を活かすことはできるのだろうか。次章で
は，就職活動後の学修者の認識から話しことばプログラムの有用性を検討していき
たい。

3 まとめ

　本章では，アンケート調査（主に自由記述）を通して，授業実施後の学修者の認識
から話しことばプログラムの特徴を探索的に検討してきた。その結果，話しことば

プログラムは，全体的に学修者の満足度が高かった。知識面では，各科目で扱った中心的な内容だけでなく，自己の技能等の把握や練習の必要性を認識していた。技能面では，「できる」ようになったことがある一方で，「理解」していても「できない」ことがあり，半期の1科目のみでは十分ではない場合があることが推察された。しかし，「できない」ことの中には，学修者が高度な技能を求めている場合も考えられた。態度面では，自信がついたことがある一方で，不安に思うことが解消されなかった，ないしは，授業での実践を通して不安に思えることが顕在化していき，それらが「自己課題」に結びついていくことが推察された。また学修者は，話しことばプログラムの各授業に対して，それぞれ実社会での有用性を認識している者がおり，学習内容だけでなく，抵抗感の緩和，緊張感の緩和，自信，度胸など心理的な側面も実社会に資することとして認識していた。

　すなわち，この話しことばプログラムは，各科目の学習内容を中心に，知識，技能，態度において，学修者自身が主体的に自己課題について多様に獲得していくこと，学修者は話しことばプログラムについて実社会に資するものと認識する傾向にあることが特徴と言える。しかし，できなかったことや自己課題がさらに設定されることから，半期の1科目のみでは学修者にとって十分ではない場合があり，他の話しことばプログラムの科目を継続していくことが望ましいと言える。

第9章

話しことばプログラムの有用性の検討

　前章では，各授業終了直後の学修者の認識から話しことばプログラムの特徴を掘り起こしてきた。全体的に満足度が高かったこと，またアンケートの自由記述から，学習内容を中心に知識面，技能面，態度・感情面において，学修者がそれぞれ主体的に多様に獲得していくことが推察された。しかし，授業終了とともに，その獲得してきたことがその後と断絶したものであってはならない。授業終了後，時間が経過しても話しことばプログラムで獲得してきたことは学修者にとって有用なのだろうか。企業等から内定を得ることがこの話しことばプログラムの目的ではない。しかし，話しことばプログラムを1年次から履修（第6章，第7章）してきた学修者は，獲得してきた知識やスキル等を就職活動で活かすことができるのだろうか。直接的な就職面接練習をするのではなく，実社会で「応用」できることを重視したこの話しことばプログラムを，就職活動で活かすことができれば，学修者が実社会でも応用していくことが推察される。また，就職活動を通して，学修が不十分なことや獲得しておきたかったことなどもあるだろう。

　本章では，この話しことばプログラムの意義や今後の課題について，インタビュー調査によって，就職活動後の学修者の認識から探索的に検討していく。それを通して，就職活動段階までではあるもののこの話しことばプログラム（実社会と連続性を有するコミュニケーション能力の学修のためのプログラム）の有用性を検討していきたい。

1　実施の概要と調査の方法

■ 1-1　実施の概要

本調査は，第8章で実施した1年次の必修授業のアンケートの際に，インタビュ

一依頼の問い合わせに了承していた4年次生3名（X,Y,Z）に対し，企業からの内定取得を確認後，調査を依頼した。3名ともインタビュー調査に応じてくれたため，2020年12月に，人通りのない一番奥の教室で，個別に約1時間ずつ半構造化インタビューを実施した。話しことばプログラムの授業者によるインタビューであるため，高圧的にならないよう，研究参加者が自由に否定的な内容も話せるよう留意した。

表9-1　研究参加者の概要

	X	Y	Z
履修科目	日本語コミュニケーションII（1年）／日本語表現（2年）／プレゼンテーション演習（3年）／応用プレゼンテーション演習（3年）／スピーチの基礎（3年）	日本語コミュニケーションII（1年）／日本語表現（3年）／応用プレゼンテーション演習（3年）／専門演習（3年）	日本語コミュニケーションII（1年）／スピーチの基礎（3年）／日本語の朗読（3年）／日本語表現（2年）／プレゼンテーション演習（2年）／応用プレゼンテーション演習（3年）／専門演習（3年）
内定先，職種，面接方法	通信 コールセンターオペレーター，数年後に総合職の可能性有 1次選考：1対1，最終選考：面接官2対1（他社，面接官1対学生2）グループ面接なし 面接内容：自己紹介（名前，大学名，一言），志望動機，企業のイメージ，アルバイト，最終面接で自己PR	医療機器 営業，医療従事者に対するプレゼンテーション等も含む コロナの影響により，一次面接がオンライン，2次から4次は対面 面接官2対1 （若手から最後社長に） グループディスカッション，グループ面接	航空運輸 手荷物ハンドリング業務部門 面接官2：1（内定企業） 他社，グループ面接 面接官1～2名，学生5～6名（各20分程度）
備考	コロナ禍による就職活動の困難さから当初考えてきていた業界・業種をあきらめ，多様な業界・業種で就職活動をし，苦手な電話応対を克服すること，信頼感のある企業に就職を決めた。 ＊グループワークをもとより得意としている。		人前で話すことに対して，もとより肯定的な意識を持っていたが，「自信」まではなかった。 入学時の目標として，実社会でのコミュニケーション能力の高評価を掲げ，話しことばプログラムに対して期待していた。

　質問内容は，就職活動と話しことばプログラムとの関連を検討するため，まず，内定先の業界，業種，職種や就職活動における面接方法と話しことばプログラムの受講科目を確認した（表9-1）。次に，役立ったこと，役立たなかったこと，やらないほうがよかったこと，さらに，身に付けておきたかったことについて質問した。

　なお，研究参加者は，第7章で詳述した授業と異なる年度に履修している場合がある。研究参加者の1年次から4年次までの4年間は，話しことばプログラムの各科目の内容・方法に大きな相違がないように実施された。また，本調査は，筆者の所属大学の研究倫理審査委員会の承認を得，研究参加者から文書による同意を得た上で調査がなされた。

■ 1-2　分析方法

　半構造化インタビューの際に採取した発話記録から作成した逐語録をデータとし，質的データ分析手法SCAT（大谷2019）を用いて分析した。SCATについては第5章2節を参照されたい。本章も第5章同様に，効果を検証するのではなく，学修者の認識面から話しことばプログラムの意義や今後の課題を探索的に検討することとした。

2 話しことばプログラムの意義

■ 2-1　ストーリーラインと理論記述

　質的データ分析手法SCATの分析結果の一部を表9-2に，研究参加者3名のストーリーラインと理論記述を表9-3〜9-5に示す。

表 9-2　SCAT による分析の一部

発話者	テクスト	〈1〉テクスト中の注目すべき語句	〈2〉テクスト中の語句の言い換え	〈3〉左を説明するようなテクスト外の概念	〈4〉テーマ・構成概念
聴き手	嫌だったって気持ちですかね？みんなの前でするのが。	嫌だったって気持ち／みんなの前	人前で話すことの否定的感情	協同学習／人間関係／不安	人間関係の心配
Y	嫌ほどではないんですけど、なんかどうしようかなーみたいな、その、なんか、あんま言って、聞いてた側の人たちがなんか変なふうに思われるだろうなーっとか、そっちも考えてしまって、悩んだのはあります。	嫌ほどではない／どうしようかなーみたいな／聞いてた側の人たちがなんか変なふうに思われるだろうなーっとか、そっちも考えてしまって、悩んだ	学修者間で実施することの抵抗感／発話内容に対する悩み	自己PR／クラスメートへの配慮・心配／今後の人間関係	自己PRによる学修者間の人間関係の心配

表 9-3　X のストーリーラインと理論記述

X	ストーリーライン

[就職活動での授業との関連]について質問したところ，X は，[面接での高評価の喜び]とともに[成長の実感]について語った。具体的には，[緊張に対する慣れ]から，[消極的な過去]である[子供の頃との相違]があり，[積極的な現在]の様子を見ると[同級生の驚き]があるとして，授業を通して[人前での発話への慣れ]や[即座のトークへの対応]について述べた。[小中学校時代の自己否定感]から，[高校時代の自信と話すスキルの芽生え]から，[高校時代の自己肯定感の認識]に至ったと語った。ただし[高レベルのスキルに対する苦手意識]は高校時代にもあった。[高校時代の芽生え]について，[同性のみの安心感]から[女子高での肯定的変化]があり，[共学での人前で話すことの困難さ]から，[自己の女子大の相応しさの認識]を持ち，[女子大への進学]を決めていた。[授業での知識に関する有用性]を尋ねたところ，X は，[就職活動を意識した人前での発話への慣れの必要性]から，[知識より慣れ]と答え，[振り返りによる自己課題の認識]をしつつ，[慣れの必要性]について繰り返し語った。話し方については，[1 年次の文章作成による棒読みの反省]から，[振り返りシートやノートの活用]によって，[前回分の記録による想起]や[映像視聴]を通しての[客観的視点による自己理解]や[振り返りシート活用による改善]によって，[毎回の授業での自己課題の設定]をしてきた。[授業の有用性]について尋ねたところ，[就活でのメール技能の必要性]を述べた。就職活動時の[敬語等の確認のみでのスムーズなメール作成]とそれによる[就職活動時の安心感と時間短縮]に結びつき，メールの[知識・技能獲得による自信]について語った。[授業の否定的側面]を尋ねたところ，[否定的側面の想起の困難性]を語り，新たに[必要な学習内容]として，[電話応対練習の必要性]について述べた。[苦手な電話応対の克服]をするため，[コールセンターへの入社]を決めたと語った。

表 9-3　X のストーリーラインと理論記述（続き）

X		[授業内容の印象] を尋ねたところ，[応用プレゼンテーション演習での就職後を意識しての学習への取り組み] を述べ，[日本語コミュニケーションⅡ「番組コーナー制作」での相互学習の意義] について語った。特に [インターンシップでの資料作成でチームへの貢献] をし，それは [学修から得た得意分野での貢献] であり，[グループワークでの作業分担の即座の判断の重要性] を述べ，インターン先での [講評で高評価] を得たことを例に，[グループワークの必要性] という [経験知] について述べた。X 自身はグループワークについて，[元来の得意分野] としながら，[グループワークの苦手な学修者のための実践練習の必要性] について述べ，X 自身は [グループワークの活性化への意識] をもち，[グループ活性化へのサポート的役割] を担っていたことを述べた。[映像視聴経験による見え方の理解] によって，[オンラインに対するタブレット活用の有用性] を認識していたものの，[オンライン説明会に対する未経験による方法への不安] があり，[オンライン面接練習の必要性] について述べた。[スピーチ・プレゼンテーション成功体験の認識] について尋ねると「自己課題の認識」と「完遂による満足感」について語った。
	理論記述	・[就職活動での授業との関連] から [面接で高評価の喜び] によって，[成長の実感] があり得る。／・学修プログラムを通して，[人前での発話への慣れ] や [即座のトークへの対応] が可能になり得る。／・[同性のみの安心感] によって肯定的変化に至る可能性がある。／・学修者は，[就職活動を意識した人前での発話への慣れの必要性] を認識する可能性がある。／・話し方について，[1 年次の文章作成による棒読みの反省] から，[前回分の記録による想起] や [映像視聴] を通して，[客観的視点による自己理解] や [振り返りシート活用による改善] によって，[毎回の授業での自己課題の設定] をする可能性がある。／・メール学習による [就職活動時の安心感と時間短縮] によって，[知識・技能獲得による自信] に至る可能性がある。／・学生の [苦手な電話応対の克服] のため，本話しことばプログラムにおいて，[電話応対練習の必要性] があり得る。／・[応用プレゼンテーション演習での就職後を意識しての学習への取り組み] がある可能性がある。／・[日本語コミュニケーションⅡ「番組コーナー制作」での相互学習の意義] がある可能性がある。／・内定者は，就職活動を通して，[グループワークでの作業分担の即座の判断の重要性] を認識し得ることから，[グループワークの苦手な学修者のための実践練習の必要性] があり得る。／・[映像視聴経験による見え方の理解] から [オンラインに対するタブレット活用の有用性] を認識するものの，[オンライン説明会に対する未経験による方法への不安] があり，[オンライン面接練習の必要性] の可能性がある。／・スピーチやプレゼンテーション経験に対して，[自己課題の認識] や [完遂による満足感] を得る可能性がある。

表9-4　Yのストーリーラインと理論記述

ストーリーライン	[就職活動を通しての学修意義]について尋ねたところ，[口頭表現技術の獲得]について述べ，[1年次必修授業の番組コーナー制作]に[強い印象]があり，[人前での発話に対する緊張感の緩和]と[客観的視点での振り返りと実践練習での慣れ]について語った。また，[日本語表現でのメールマナーなどの学びと就活との関連]を述べ，[口頭表現と文章表現の学習の応用によっての内定]であることを語った。日本語表現の最終課題[自己PR文に対する高難易度の認識]をもち，それは，[基礎学習を基盤にしての自己PR文]であり，[就職活動のスムーズさ]のために，[基礎から応用学習の意義]を述べた。さらに，[ラジオ番組制作]では，[ラジオ番組制作による技法，内容，発話への慣れの就活への応用]について述べ，[ラジオ番組制作による自身の強みの認識]を語った。[技能に関する認識]を尋ねると，[自分のことば]など，[台本作成による棒読みから自然な語りのスキル獲得]に結びつき，特に[番組制作後の技能変容に関する肯定]がみられた。[細かな点]も含めて尋ねると，[授業全体]を通して，[ことば遣いに対する認識の変化]を述べた。また，[日本語コミュニケーションⅡ後のラジオ番組制作による集大成の認識]を述べ，特に[声のみの伝達による意識の変化]を語った。その上で，[基礎を有しない応用による強い緊張感の認識]を述べた。[就活に対する学修意義]について尋ねると，[緊張感緩和]，[映像視聴による聴者視点の把握]から[自信を有する人の行動様式獲得]を述べ，[感情面（自信）の変容]を語った。[学習内容の否定的側面]や[必要なこと]について尋ねると[履修できなかった科目の後悔]を述べ，[否定的側面の否定]をした。また，[聴者に対する話の内容の困難さ]や[自己PRによる学修者間の人間関係への心配]から[自分プレゼンテーション課題の困難さ]を述べ，[困惑][苦慮]を伴うが，[困難な課題]であり[就活での活用]に対して，[就活での意義の肯定]をし，[実践に対する満足]があり，また[クライアントへの配付物作成による会社業務の想像]を例に挙げ，[満足]の言葉を述べた。[面接を通しての学習しておくべき内容]について尋ねると，[実社会に向けての話し方学習の必要性]を述べた。また[役立ちそうな学習内容]として，[キャリアセンターでのプログラム]の1つである[グループディスカッションでの相互評価の例]が，[就活への直結]に結びつき，[自己では気づかない場の提供の必要性]や[他者視点による自己の成長の必要性]を語った。[就職活動での面接の最初]について確認すると[文章と口頭での自己紹介・PR]であり，[文章（エントリーシート）次第での面接機会の有無]について述べた。[集団面接における他者の様子]を尋ねると[他者と自己の相違による自己の優位性・慣れの認識]を語った。自身については，[仕事と関連する音声表現，聞く力，プレゼンテーション，日本語表現の力の向上]が[強みとしてのアピール]になったことを語った。

162

表 9-4　Y のストーリーラインと理論記述（続き）

理論記述	・［就職活動を通しての学修意義］は，［人前で話すことに対する緊張感の緩和］と［客観的視点での振り返りと実践練習での慣れ］という，［口頭表現技術の獲得］である可能性がある。／・［1 年次必修授業の番組コーナー制作］に対して［強い印象］があり得る。／・［日本表現でのメールマナーなどの学びと就活との関連］がある可能性がある。／・［口頭表現と文章表現の学習の応用によっての内定］となる可能性がある。／・日本語表現の最終課題［自己 PR 文に対する高難易度の認識］を持つ可能性があるものの，［基礎学習を基盤にしての自己 PR 文］に［基礎から応用学習の意義］があり，［就職活動のスムーズさ］に結びつく可能性がある。／・［ラジオ番組制作による，技法，内容，発話への慣れの就活への応用］が，［自身の強みの認識］になり得る。／・［台本作成による棒読みから自然な語りのスキル獲得］など，［番組制作後のスキル変容に関する肯定］があり得る。／・話しことばプログラム全体を通して，［ことば遣いに対する認識の変化］があり得る。／・［日本語コミュニケーションⅡ後のラジオ番組制作による集大成の認識］となり得る。／・［声のみの伝達による意識の変化］の可能性がある。／・［基礎を有しない応用による強い緊張感の認識］を持ち得る。／・［就活に対する学修意義］として，［緊張感の緩和］，［映像視聴による聴者視点の把握］，［自信を有する人の行動様式獲得］など，［感情面（自信）の変容］の可能性がある。／・［学習内容の否定的側面］や［必要なこと］については，［履修できなかった科目の後悔］程度で，［否定的側面の否定］の可能性がある。／・「応用プレゼンテーション演習」では，［聴者に対する話の内容の困難さ］や［自己 PR による学修者間の人間関係への心配］から［困惑］［苦慮］という［自分プレゼンテーション課題の困難さ］を認識する可能性がある。一方で，［就活での活用］において，［就活での意義の肯定］とともに，［実践に対する満足］を得る可能性がある。／・「クライアントへの配付物作成による会社業務の想像」など，会社業務を想起する内容を学習課題にすることで［満足］し得る。／・［面接を通しての学習しておくべき内容］に対して［実社会に向けての話し方学習の必要性］を認識しうる。／・就職活動で［役立ちそうな学習内容］として，［自己では気づかない場の提供の必要性］や［他者視点による自己の成長の必要性］があり得る。／・集団面接では，［他者と自己の相違による自己の優位性・慣れの認識］をし得る。／・［仕事と関連する音声表現，聞く力，プレゼンテーション，日本語表現の力の向上］が，自己の［強みとしてのアピール］になる可能性がある。

第Ⅰ部

第Ⅱ部

第Ⅲ部

表9-5　Zのストーリーラインと理論記述

Z　ストーリーライン	［授業の意義］について尋ねたところ，［プレゼンテーション演習，応用プレゼンテーション演習，スピーチの基礎と就職面接との連続性］があり，［協同学習経験の就職活動での応用］について語った。また，話しことばプログラムを通して，［人前での発話に対する感情面（自信）の肯定的変化］があり，［年代差を超えてのコミュニケーションの機会］を有することを語った。また，［グループ面接と授業での発表との類似性］があり，［人前で話す練習をすることによる精神面の強化］がなされ，［音声表現など他者との比較を通しての学習経験の意義の認識］を語った。さらに，［プレゼンテーションにおける音声表現の学習経験の意義］を語り，就職活動での［他者の緊張感による音声表現の不十分さ］を認識し，Z自身は，［他者の緊張感による自身の安心感］から，［面接官との余裕のコミュニケーション］があったことを述べた。［スキル面の学習の応用］についても尋ねたところ，［肯定］し，［プレゼンテーション演習］や［応用プレゼンテーション演習］では，就職面接で［貸会議室使用の場合の時間厳守］があり，［時間管理のスキル定着］があり，［タブレットでの映像視聴］で［自己の客観視］によって［自己課題の設定］をし，［日本語表現でのメール学習］を例に［就活との強い関連］とともに，［文章表現の学習の必要性］を述べた。関連して，［苦手意識がある人にとって適切なクラス人数］があることを語り，［苦手意識がある学生に対する提案］として，［基礎学習での積極的参加］があることから，［多様な学生かつ話しやすい人数の必要性］を述べ，この話しことばプログラムは，［少人数クラスに適したプログラム］であることを語った。また，［話しことば学習の中での多様な経験の意義］を述べ，［授業と就活との関連性］について，［協同学習でのメンバーの役割の経験］を例に，［協同学習の就活での応用］について語った。［ラジオ番組制作］については，［役立つこと］として，［企画からの協同学習の意義］と，［コミュニケーションでの公私の切り替えの克服］から，［公私の切り替えの定着］を語った。また，［本放送番組制作による真剣な感情］による［応用学習の意義］について述べた。さらにZは，［授業実践を通しての自己レベルの把握］［学習段階ごとの自己課題設定］をして，［集大成としてのラジオ番組制作］であったと語った。［就活に対する学修意義］について尋ねると［学修と就職活動の連続性の認識］をし，［学修プログラムの高満足度］について語った。しかし，同時に［年長者とのコミュニケーションにおいての苦手意識］があることから［年長者とのコミュニケーションの慣れの必要性］があることを語った。［今後の授業の課題］を質問したところ［タブレットを使用しての映像視聴の良さ］［映像視聴の後の省察の満足］とともに，［タブレット台数の制限］や［時間的制約］があり，［リフレクションの不十分さの反省］から，［映像視聴後の振り返りシート記述の同時期の必要性］や［さらなる自己課題設定の必要性］を述べた。また［さらなるメール学習の必要性］や［実務的な文章表現の必要性］を述べた。［振り返りシート］については，［記述による深い理解］になり，［自己課題の把握］に結びついていた。

表 9-5　Z のストーリーラインと理論記述（続き）

Z　理論記述	・[協同学習経験の就職活動での応用]から，[プレゼンテーション演習，応用プレゼンテーション演習，スピーチの基礎と就職面接との連続性]の可能性がある。／・話しことばプログラムを通して，[人前で話すことに対する感情面（自信）の肯定的変化]に結びつく可能性がある。／・[グループ面接と授業での発表との類似性]があり得る。／・[人前で発話練習をすることによる精神面の強化]があり得る。／・就職面接での[他者の緊張感による音声表現の不十分さ]と自身の[面接官との余裕のコミュニケーション]から，[プレゼンテーションにおける音声表現の学習経験の意義]を持つ可能性がある。／・[プレゼンテーション演習]や[応用プレゼンテーション演習]を通して[時間管理のスキル定着]に結びつく可能性がある。／・[タブレットでの映像視聴]を通して，[自己の客観視]による[自己課題の設定]をする可能性がある。／・[日本語表現でのメール学習]など[就活との強い関連]があり得る。／・人前で話すことに対して苦手意識がある人は，[多様な学生かつ話しやすい人数の必要性]がある可能性がある。／・[協同学習でのメンバーの役割の経験]は，[協同学習の就活での応用]があり，[話しことば学習の中での多様な経験の意義]がある可能性がある。／・[ラジオ番組制作]では，[企画からの協同学習の意義]があり，コミュニケーションにおける[公私の切り替えの定着]に結びつく可能性がある。また[本放送番組制作による真剣な感情]による，[応用学習の意義]の可能性がある。／・[授業実践を通しての自己レベルの把握]や[学習段階ごとの自己課題設定]によって，[集大成としてのラジオ番組制作]となる可能性がある。／・[学修と就職活動の連続性の認識]をし，[話しことばプログラムの高満足度]の可能性がある。／・学修者は，[年長者とのコミュニケーションにおいての苦手意識]がある場合があり，[年長者とのコミュニケーションの慣れの必要性]があり得る。／・[タブレットを使用しての映像視聴の良さ]と[映像視聴後の省察の満足]がある可能性がある。一方で，[タブレット台数の制限]や[時間的制約]から，[リフレクションの不十分さの反省]があり，[映像視聴後の振り返りシート記述の同時期の必要性]があり得る。／・[さらなるメール学習の必要性]と[実務的な文章表現の必要性]の可能性がある。／・[振り返りシート]は，[記述による深い理解]になり，[自己課題の把握]に結びついている可能性がある。

■ 2-2　就職活動における話しことばプログラムの意義

表 9-3 ～ 9-5 から，人前で話すこと，書くこと，ラジオ番組制作が浮上した。そのため本項では，この 3 つの視点から就職活動での話しことばプログラムの意義を考察していきたい。

1）人前で話す学習

まず，人前で話す学習についてである。学修者は，人前で話す学習を通して，緊張感の緩和（Y）に結びつき，自己を撮影した映像の視聴から客観的視点による自己の状況の把握（X，Y）や，振り返りシートの記述による深い理解と自己課題の設定（X，Z）をする可能性が推察される。これらは，第 5 章の結果を支持するものである。また，自信を有する人の行動様式の把握（Y），実践練習を通しての慣れ（X，Y），口頭表現技術の獲得（Y），即座のトークへの対応（X），話し方練習による精神面の強化（Z），感情面（自信）の肯定的変化（Y，Z），さらに，時間管理のスキルの定着（Z）に結びつく可能性がある。すなわち，人前での発話を多様な内容・方法で繰り返すことから，他者の発話の様子を見ることや自己の発話に慣れていくことが考えられる。そのため，緊張感のある就職活動で，面接官や他の就職活動生と一緒にするグループ面接でも，冷静に状況を判断したり，発話をしたりというように，学修者はこれまで取り組んできた人前での発話を就職活動で応用していくことが推察される。その結果，グループ面接で，他者の話し方（音声表現）を聞き，自己との相違（Z）や自己の優位性や慣れ（Y）を自覚することで，学修の意義や，さらには就職活動での面接を通しての話し方学習の必要性を認識（Y）していくことが推察される。

また，話しことばプログラムでは，随時，他者と協同的にプレゼンテーション等を準備していく。就職活動でのグループワークにおいて作業分担の即座の判断が必要（X）であることから，グループワークが苦手な学修者のためにその実践練習が必要（X）であり，これらの協同学習のメンバーの役割の経験などが就職活動で応用できる（Z）可能性がある。すなわち，就職活動では，初対面の就職活動生とともに，ディスカッションをしたり，協同的に企画を考えプレゼンテーションをしたりすることがあるため，他者との協同的な学習を通して，就職活動でも対応できる力を獲得していくことが推察される。

ところで，1 年次の必修の「日本語コミュニケーションⅡ」（7-1）では，授業前半にしてきた学習の応用として，後半に「（模擬）番組コーナー制作」をしている。こ

こで文章を棒読みしていた経験の反省（X）は，模擬とはいえ，番組コーナー制作という応用的な実践によって，自然な発話の必要性を強く認識し，学修者にとって強い印象（Y）として残り得る。また，基礎を有しない段階での応用では強い緊張感を持ち得る（Y）ように，基礎的な学習なく就職面接など緊張感の高い状況での実践には，過度の緊張や不安を伴うことも推察される。そのため，授業実践を通して，自己レベルを把握し，学習段階ごとに自己課題を設定（Z）することを通して，学修者それぞれが自己課題を順次克服し，就職面接などでも応用できるようになっていくことが推察される。

　話しことばプログラムは，コミュニケーションに関する複数の科目で構成（第6章，第7章）されているが，学修者は，必修の科目のみではなく，複数の科目を履修する場合が多々ある。卒業単位のためという場合もあるであろうが，人前での発話など，思うに任せない経験やその振り返りによって順次慣れていくのと同時に，各課題に対して完遂する満足感（X）を得ることによって，話しことばプログラムの他の科目の履修に結びついていくことが推察される。第8章で，知識，技能，態度・感情面において，科目の学習内容を中心に多様に獲得していくものの，一方で，一科目のみでは十分に獲得できているとは限らないことが推察された。1科目のみではなく，履修を継続していくことや，プレゼンテーション等，他者の様子を見る機会が多いことから自己課題を克服し，さらに高度な，また異なる内容の自己課題を設定することを繰り返し，新たな自己課題の克服に向けて努力していくことが推察される。

　その結果，話しことばプログラムでは，人前での発話において就職活動時のグループ面接等の直接的な方法で演習を実施していないにもかかわらず，学修者は，グループ面接と授業での発表に類似性（Z）を認識し，これまでの学修経験から就職活動でもある程度の余裕（Z）が生まれるのであろう。すなわち，話しことばプログラムは，面接官や他の就職活動生と一緒にするグループ面接でも，冷静に状況を把握し発話をするなど，人前での発話において，就職活動でも応用できる可能性を有すると言える。

2）　「書く」学習

　次に，「書く」学習についてである。「書く」ことを通して日本語の表現に関する知識やスキル等を獲得していく「日本語表現」（第7章2節）の，特にメールに関する知識や技能の獲得は，就職活動時の安心感が得られるだけでなく時間短縮にも結

びつく（X）可能性がある。採用のためのプロセスは，企業等によって多様であるものの，内定前後の連絡にメールを使用する場合がある。授業では直接的な就職活動用のメール文で演習等をしていないが，学修者は，基本的な知識や技能の獲得によって，就職活動でも応用していくことが推察される。

　また，多くの企業では，エントリーシートを提出し，それに通過すると次の選考である面接に進むことができる。そのため，口頭表現と文章表現の学習の応用が内定に結びつく（Y）。「日本語表現」では，ことば遣いなど日本語表現に関する知識や意識を高めた上で，読者にわかりやすい文章を書くことを意図し，ビジネス文書やメール文を通した基礎学習を基盤に，それらの応用として，自己説明文（自己PR文）を最終課題として課している。先述（第7章2節）の通り，この自己PR文の作成では，自己をPRする内容になっていること，読者にとって理解しやすく明確な文章になっていることが求められる。しかし，自己PR文を高難易度の課題（Y）と認識する学修者がいることが考えられる一方で，この学習は基礎を基盤にした応用練習であり，それが就職活動のスムーズさ（Y）に結びつく可能性がある。すなわち，就職活動に直面し，自己分析などの内容面だけでなく，突如このような難易度の高い文章を求められ困惑することがあっても，学修者は，マナー，ことば遣い，ビジネス文書・メールなどの基礎技能を獲得している（第8章）ことから，これらの基礎が基盤となってスムーズな就職に結びついていくことが推察される。

3）統合的学習：ラジオ番組制作による学びの集大成

　最後に，「ラジオ番組制作」についてである。このラジオ番組制作は，公共の電波を使って放送するため，聴取者の立場を意識しながら，企画から，台本，生放送でも話せるようようになるまで準備・練習を重ねていく（第7章7節）。そのため，インタビューにみられる通り，これまでの学習の「集大成」（Y，Z）としての性格を有しており，学修者にとって影響が大きい学習と言える。1年次では台本を棒読みすることしかできなかった学修者が，課題の発見と克服を繰り返し，このラジオ番組制作を通して，自然な語りとなる技能を獲得（Y）することで，それを自己の強みとして認識（Y）し，発話に対する慣れによる自信が，就職活動で応用（Y）されていくことが推察される。またラジオ番組は，音のみで放送されることから視覚等に頼ることができないため，音声のみでの伝達について意識が変化（Y）する場合が考えられる。音声を中心に扱う「日本語の朗読」（第5章，第7章6節）の履修の有無によって，その認識に相違があることが考えられるものの，表情やジェスチャー

など他の非言語情報や視覚物に頼ることができない状況での発話練習をすることで，音声だけで，論理性，温かみなど，望ましい音声言語行動への意識の変化に結びつくことが推察される。

　このように，話しことばプログラム全体を通して，面接で高評価を得ることによって成長を認識（X）するなど，学修者は学修意義を実感（Y，Z）する可能性がある。基礎から応用まで多様に実践練習を繰り返し，学修者自身が自己課題を設定する。失敗や成功を繰り返しながら自己課題を克服し，さらに，高難易度の自己課題の設定（第8章）をしていく。コミュニケーションには，唯一無二の「正解」がないため，学修者はそれぞれに自己課題を設定し，自己の成長を目指していくことができるだろう。このように，話しことばプログラムの各授業を通して獲得していく知識，技能，態度・感情は，就職活動で応用でき，ひいては実社会でも有用であることが推察される。

3 話しことばプログラムと研究方法に関する課題

　前節では，話しことばプログラムの意義を述べてきたが，本調査を通して課題も浮上した。本節では，表9-3〜9-5から浮上した話しことばプログラムの課題，学修者から提案された課題，研究方法に関する課題の3つの視点から述べていきたい。

■3-1　話しことばプログラムの課題

　まず，話しことばプログラムが実施している内容・方法に関する課題についてみていく。タブレット使用による映像視聴と映像視聴後の省察に対する満足感（Z）があることが推察される一方で，タブレット台数の制限や時間的制約から，省察が不十分であり，映像視聴と同時に振り返りシートを記述する必要性が考えられる。この映像視聴については，第5章でも課題となり，時間を多めに取り，タブレット台数も以前より余裕を持たせて実施したものの，音声を扱うことから，映像視聴の際に，他者が音声によって集中できないことに対して気遣い，教室の外で急ぎ視聴する学修者がみられた。そのため，映像視聴と省察（振り返りシートの記入）を同時期にできる環境を整備すること，また台数には余裕があるため，視聴後即座の返却の必要はなく，時間をかけて視聴しても問題ない旨を伝えるなど，安心して使用できる環境を整える必要がある。

また，「日本語表現」で学習する「メール」では，就職活動との強い関連を認識し，さらなるメール学習の必要性と実務的な文章表現の必要性（Z）が推察される。繰り返しになるが，話しことばプログラムは，就職活動での直接的な内容・方法ではなく，実社会に資する考え方，技能を身に付け，実社会で応用できることを目指している。しかし，さらなるメール学習が必要という意見がみられる。そこには，就職活動においてメール使用の機会が多く，企業等に送るメール文に対しての不安が垣間見える。基本を把握していれば，今後は業務に応じて慣れていけばいいと思われるものの，練習回数を増やすなど，学修者が自信を持てるようメール学習を充実させていく必要がある。

「応用プレゼンテーション演習」での「自分プレゼンテーション」課題で，聴者に対する話の内容の困難さや自己 PR による人間関係への心配（Y）から，困惑・苦慮する困難な課題であることが考えられる。話しことばプログラムの，特に，人前で発話する学習は，扱う内容によっては，普段接する友人たちに対しての実践に困難な面がある。相互学習の意義（X）を認識し，また，第5章でも，相互学習の意義が推察されている通り，人前での発話練習は話者にとっても聴者にとっても有用であろう。しかし，人間関係は複雑であり，個人的なことや自己を PR（プレゼンテーション）するような内容など，他者の前での発話に躊躇する場合もあるだろう。また，今後の人間関係だけでなく，聴者が興味を持って聞ける内容にする困難さ（Y）を認識する可能性もある。その通り，聴者視点で発話すべきであるが，教室内で実施する場合，聴者が同じ学生であるため，想定する聴者がビジネスマンであるなど対象が他にある場合は，学生が想像するのにも困難を伴う。学外でプレゼンテーションをしている事例を参考に，実践可能でより望ましい方法になるよう検討していく必要がある。

■ 3-2　学修者からの提案
次に，就職活動を経験してきた学修者からの提案を検討していきたい。就職活動を通して，①電話応対練習（X），②オンライン面接練習（X），③グループディスカッションの相互評価（Y），④年長者とのコミュニケーションの機会（Z）の4点がみられた。①現在，大多数が携帯電話を個人で持つ傾向にあることから，学修者の中には，個人的な電話の経験のみである場合がある。就職活動中や内定後には，企業等からの電話応対で，思うような対応ができなかった経験があり，また卒業後に業務等で電話応対する可能性が考えられるため不安があるのだろう。②オンライン面

接練習については，コロナ禍に伴い，企業面接のオンライン化が激増した。今後の学生の状況，企業の状況によってはオンラインでのコミュニケーション練習を検討していく必要がある。③グループディスカッションは，協同学習を通して随時実施しているものの，自己がどのように見られているのか，自己では気づきにくい他者視点による自己の成長を意図した内容・方法も検討していく必要があるだろう。④授業の履修者は，その大多数が10代後半から20代前半の大学生である。実社会とは違い年齢層は限定的と言える。同年代とのコミュニケーションに対しては問題なくても，年長者とのコミュニケーションに対しては苦手意識を持っている場合（Z）も考えられる。就職活動だけでなく，実社会では多様な年齢の人とのコミュニケーションが必要である。音声言語行動は授業時間だけのものではないため，話しことばプログラムでは，授業とアルバイト等の課外の関連の時間も相互作用的に向上させていくことを想定している（第6章）。しかし，学修者によって課外の時間の使い方は極めて多様であり，アルバイト等を強いることには困難を伴う。他機関との連携を図るなど，苦手な年代とのコミュニケーション支援の方策を検討していく必要があるだろう。

　前述の通り，学修者は，就職活動を意識して人前での発話への慣れの必要性を認識（X）し，また，就職後を意識して取り組む（X）ことが考えられた。また，卒業後を想起する内容を学修課題にすることに対して満足感（Y）を得ることが推察された。すなわち，就職活動や卒業後を想起させる内容は，動機づけられる可能性が高い。先述の通り，この話しことばプログラムは，実社会で様々に応用できるようコミュニケーションに関する基礎能力を育成することを目指している。そのため，ひき続き直接的な面接等の練習ではない方法で，実社会と連続性を有する内容・方法をさらに充実させていく必要がある。

■ 3-3　研究方法に関する課題

　最後に，研究方法に関する課題3点について述べたい。1点目は，人数や性別についてである。本調査では，女子大で実施していること，また，実践的研究として，授業による実施のため，人数や性別に制約がある。そのため，研究として，人数や性別においても配慮し，結果の精度を高めていく必要がある。2点目は，調査の方法についてである。表9-3〜9-5の通り，研究参加者は自由に意見等を述べていた。しかし，第5章同様に，授業者が面接を実施していることから非対称の権力関係を完全に払拭することは困難である。この研究方法に関して改善していくことも今後

の課題の一つである。3点目は，本調査が内定段階で，卒業前の学生に対しての調査結果である点である。実社会と連続性を有するプログラムの開発に取り組んでいるため，企業等での就職活動を経験してきた学修者（内定者）に対して調査をしてきたが，卒業後に関しても，縦断的に調査をしていくことが必要である。

4 まとめ

　本章では，就職活動を経験した「話しことばプログラム」の学修者3名に半構造化インタビューを実施し，SCATによって分析の上，学修者の認識から探索的に「話しことばプログラム」の有用性について検討してきた。その結果，「人前で話す」学習，「書く」学習，「統合的な学習（ラジオ番組制作）」に関することが意義として浮上した。まず，「人前で話す」ことについて，多様な内容・方法で練習を繰り返してきたことから，緊張感ある就職活動においても，冷静に状況を判断してコミュニケーションをとっていくことが推察された。また初対面の他の就職活動生とともに，ディスカッションをしたり，協同的に企画を考えプレゼンテーションをしたりと就職活動でも応用していく可能性がみられた。次に，「書く」ことについては，特にメール文と自己PR文の作成について浮上し，基礎を基盤にした応用練習が，就職活動へのスムーズな移行に結びついていくことが推察された。最後に統合的な学習としての「ラジオ番組制作」では，聴取者視点で企画から生放送番組の制作まですることから，学修者は，「学びの集大成」という認識を持ち，望ましい音声言語行動への意識の変化に結びつき，大きな影響があったことが推察された。このように，授業時からある程度時間が経過しても，各授業で獲得したことを就職活動でも応用していくことが推察された。

　一方，本調査を通して，「話しことばプログラム」の各授業の内容・方法に関する課題，研究参加者からの提案，研究方法に関する課題が浮上した。まず，各授業の内容・方法に関して，映像視聴と省察を同時にすること，メール学習の充実，クラス内でするプレゼンテーションなど方法の検討が必要である。次に，学修者からの提案として，電話応対練習，オンラインでのコミュニケーション練習，グループディスカッションの相互評価，年長者とのコミュニケーション練習について方策を検討していく必要がある。最後に，研究方法に関する課題として，クラス人数や性別による検討など調査方法を充実させ，結果の精度を高めていくことが必要である。

おわりに

　本研究を始めて約 15 年になる。まず，コミュニケーション能力の中でも音声表現に光を当てた。その能力育成に向けて，関連の手がかりを得た上で，短時間のプログラムをデザインし，その効果や指導法など多様な視点から実践的な研究に取り組んできた。次に，それらの研究成果を基盤に話しことば教育に関する研究を進めてきた。当初，経験上，音声表現の面白さや学習の意義を実感していたため，研究として取り組んできた。しかし，研究を進めれば進めるほど，この「音声表現」の学習は，コミュニケーション能力育成に対して効果的な「学習教材」になり得るように思うようになった。学校教育では，「大きな声でハキハキと」に類する指導はあっても，全体的には話の内容が重視される傾向にあるため，音声表現の学習は「意外性」を持って受け止められやすい。また，ゆっくり話す，間を開けるなど，音声は本人の意識次第で制御することが可能であり，その結果，そこに意識を向けることで，聴者に対するわかりやすさ，聞きやすさ，印象の相違などが話者にも明確に「変化」が理解できる。さらに，何よりも，明るい感情でなければ明るい声は出にくく，思いやりをもって発話をしなければ，ことばで「思いやりを持っている」と述べたところで，その気持ちは伝わらないように，音声は「感情」とかかわりがあることから，音声に注目した学習によって，「聴者への配慮」や「自己の感情の制御」への気づきを得られる。すなわち，学習（学修）者にとって，音声表現に関する学習は，「驚き」があり，かつ「変化」が直ちに理解できることから興味関心を持ちやすく，また，教育に困難を伴う「他者への配慮」や「感情の制御」という側面の学習可能性があるのである。

　ところが，それらを定着させていくためには，ある程度の時間を要する。また，「音声表現」は，実生活に密着しているもののコミュニケーションのごく一部に過ぎない。そうしたことから音声表現から広い意味でのコミュニケーションへと研究を進めていった。音声表現からコミュニケーションに広げると，次のことが気になり始めた。コミュニケーションには，いわゆる「正解」がなく，単純に知識を教えればよいというものではないということである。それだけに育成において扱いにくい側面があり，また，研究においても評価測定が極めて困難である。一方で，実践的研究を進める中で，次のようにも思うようになった。この話しことば教育は，解の

ないことに対して，主体的に考え，行動していくための学習（学修）の場になり得るのではないか。まさに，中央教育審議会（2012）の「答えのない問題に対して自ら解を見出していく主体的学修の方法や，想定外の困難に際して的確な判断力を発揮できるための教養，知識，経験を総合的に獲得することのできる教育方法」の1つとして貢献できるのではないだろうか。また，話しことばの教育は，スピーチやプレゼンテーション等のテーマを実社会やキャリア関連，またその他の専門の内容にすることによって，他者の意見等を多数見聞きできることから，学習（学修）者同士が相互作用的に向上しあえる環境（相互学習）を作り出すことができるのではないか。さらに，実社会と密接に関連しているため，学習（学修）を通して，世の中の見方が変わり，常に向上していくための学習方法の理解の糸口になるのではないか。すなわち，教師による Teaching から学生による Learning へのパラダイムシフトの転換（たとえば，ジョンソンら（2001））が指摘されて久しいが，話しことばの教育は，学生主体による Learning を促進させるものの1つになり得るのではないだろうか。

　このように，話しことばプログラムの実践的研究を進める中で，学習（学修）意義を確信していく一方で，話しことば教育の課題も見えてきた。学習（学修）者，授業（指導）者，学習環境の3つの観点から述べたい。

　まず，学習（学修）者に関する課題である。学習（学修）者の中には，苦手意識を持つ者や，話しことばプログラムのような実践的な学習（学修）に対して抵抗感のある者がいることである。苦手意識を持っていても，履修を継続することで克服し，その結果，自信に結びつき，さらに高度な内容や技能を自己課題に設定していく者がいる。一方で，履修をせず，そのまま苦手意識を持ち続ける者がいるということである。また，アナウンサーや声優などの専門家を目指し受講する者や放送部等に所属している者など，話しことばに関する学習（学修）に対して意識や技能が極めて高い者がいる一方で，単位等のためだけに履修する者などが混在し，もともとの学習（学修）に対しての意識や技能に大きな相違があるということである。朗読の授業（第5章）の通り，協同学習を通して，授業当初は意識が高くなくても，授業を進める中で徐々に意識を高めていく者がいるものの，他者との協同的な学習（学修）を展開していくため，その意識の相違から，高い意欲をもっていても，意欲の低下に結びつく場合があるということである。第3部の話しことばプログラムのように，実践的で，学習（学修）者同士の交流がある方法を採用する場合，この関連の学習に対して否定的な感情を持つ者が早期に意義を実感できる内容・方法を検討

していく必要がある。また，多様な意識，技能を持つ者が混在する中で，それぞれ
が充実した学習ができるように，さらにプログラムの完成度を高めていくことが望
ましい。

　次に，授業（指導）者に関する課題である。「はじめに」で述べた通り，話しこと
ばプログラムでは，関連の経験者であれば，指導可能であることを想定してデザイ
ンをしている。しかし，授業（指導）者としての可能性はあっても知識や技能等に相
違がある。たとえば，プレゼンテーション等，人前で話すことに長けていても「教
育」できるとは限らない。また話すことに対しては，得意と思っている人ほど癖が
強い場合があり，聴者にとって聞きやすい話し方になっているとは限らない。また，
得意な人は，苦手な学習（学修）者の気持ちを理解しにくい場合がある。授業（指
導）者が完璧である必要はないだろう。しかし，今後，授業（指導）者のための学習
方法を考案することで，より望ましい話しことば教育への可能性が広がるのではな
いだろうか。

　最後に，学習環境に関する課題である。この学習環境に関しては，授業（指導）者
の努力では解決できないことが多々ある。しかし，可能な範囲で充実させることで，
学習（学修）者の意欲や効果などに相違があることが推察される。たとえば，第7章
6節の図7-12のように教室とは異なる環境で，「本番」ができれば，学習（学修）者
の意欲が高まりやすく，授業の中であっても，緊張感が高くなり，真剣な「本番」
を演出することが可能となる。しかし，このような環境の可能性は，大学等によっ
て相違がある。また，授業（指導）者には，状況によって極めて多大な準備が必要な
場合がある。それらは，授業と授業の間の時間にもかかわってくる。その時間が短
時間であれば，前の授業で教室が使われていたり，授業（指導）者が他の授業等を
担当していたりする場合，授業直前の準備，授業直後の片付けに時間をかけること
は困難である。機材についても，その使用の有無によって，学習（学修）者の意欲
や効果に相違があることが考えられる。話しことばプログラムでは，たとえば，「マ
イク」を活用することを原則としている。学習（学修）内容によっては，複数本マ
イクがあることが望ましい。教室にマイクが複数本整備されていれば容易であるが，
そうでない場合は，教室にマイクやスピーカー等を搬入する必要がある。それも大
学から借りる場合，研究室等で保有している場合でも作業量等に相違がある。また
些末なことだが，機材を搬送するのには，重い・大きいなど状況によりエレベータ
ー使用が必要となる。それも授業と授業の間の時間での移動となると大勢のエレベ
ーター利用者がいるため，搬送に時間を要する場合がある。さらに，学習（学修）者

の人数に対する課題もある。コミュニケーション能力は汎用的な能力の1つであるため，多くの人が学習（学修）する機会があることが望ましい。しかし，話しことばプログラムのように，実践的な内容・方法である場合，多人数での実践には困難を伴う。第9章でも述べた通り，筆者の場合は，多くの科目で30名という人数制限を設けている。授業者としては，10数名がやりやすいと感じている。内容にもよるが多すぎては実践をするのに時間が不足したり，目が届きにくくなったりする。少なすぎると，協同学習の効果が損なわれる恐れがある。たとえば100名など，大人数での授業にも対応できる方法を開発していく必要がある。このように，学習（学修）者が充実した意義ある時間になるよう，学習環境について検討していく必要がある。

　ところで，筆者は，以前，司会やナレーション等の業務に長く従事してきた。人前で話すことやコミュニケーションに長けていたことからこれらの職業に就いていたわけではなく，むしろ苦手な部類に入る。しかし，職業として企業等の創立記念や映画祭などの司会をしたり，企業の株主総会や商品紹介のナレーション，またオーケストラや合唱団などの音楽物語コンサートでの共演（司会・ナレーション）をしたりしてきた。また，CATV・ラジオの番組・イベント等では，企画から携わることも多々あり，その上で司会等にも従事してきた。さらに，教育面では，社会人や大学生に対するセミナー・研修の講師をしたり，現在の大学に所属する前は，大学院生として所属する大学院でのTAだけでなく，ボランティアで某大学の実践的授業の手伝いをしたりもしてきた。このように，多種多様な経験知を得ることができたことが，本研究におおいに役立った。その中でも，このコミュニケーションスキルは，努力次第で，また環境次第で変えられることを，身をもって実感することができたことは幸運であったと思っている。すなわち，芸術，ビジネスなどでの司会等，さらには，教育への従事など，多くの関連の経験を通して，学習（学修）者が真剣に取り組めるような実践的な教育の必要性を強く認識することができたのである。それらが，「経験知」に留まることなく，多くの方々のお力添えにより実践的な研究として進めることができ感謝に堪えない。

　本書は，筆者の博士論文の一部が含まれている。そこで大変お世話になった名古屋大学大学院の寺田盛紀名誉教授，大谷尚名誉教授，柴田好章教授をはじめとして，多くの先生方，同じ研究室の方々，また研究に参加してくださった皆様，そして，筆者の所属大学である京都ノートルダム女子大学の皆様のご協力によって本研究が成り立っている。また，本書の研究の一部は，JSPS科研費JP25350305，および，

JP16K01142 の助成を受け，本書は「京都ノートルダム女子大学研究助成金」の助成により刊行された。そして，ナカニシヤ出版編集部の由浅啓吾氏には，多くのアドバイスをいただき無理なお願いにもご対応いただいた。この場をお借りして，皆様に心よりお礼を申し上げたい。

引 用・参 考 文 献

Addington, W. D.（1968）The Relationship of Selected Vocal Characteristics to Personality Perception. *Speech Monographs, 35,* 492–503.

赤堀侃司（2006）授業の基礎としてのインストラクショナルデザイン（改訂版） 財団法人日本視聴覚教育協会.

秋山和平（1985）ことばの基礎 日本放送協会［編］NHK アナウンス・セミナー 日本放送出版協会, 13–90.

秋山和平（2004）プロが教える人をひきつける話し方 教育実務センター.

飽戸 弘（1972）コミュニケーション 筑摩書房.

青谷法子・三宅章介（2005）企業と若年者の仕事に関するミスマッチとキャリア形成についての一考察──特に，コミュニケーションの果たす役割を中心にして 東海学園大学研究紀要, *10,* 1–24.

荒木晶子（1993）日本語口語表現法──指導方法の開発とその成果 桜美林大学国際学レヴュー, *5,* 133–149.

荒木晶子（1998）大学教養教育における日本語口語表現法の意義 大学教育学会誌, *20*(2), 135–140.

荒木晶子（1999）日語口語表現法の実践指導方法と留意点 大学教育学会誌, *21*(2), 78–81.

Argyle, M.（1967）*The Psychology of Interpersonal Behavior.* Penguin Books.（アージル, M.［著］辻 正三・中村陽吉［訳］（1972）対人行動の心理 誠信書房.）

Argyle, M., & Henderson M.（1985）*The Anatomy of Relationships and the Rules and Skills Needed to Manage Them Successfully.* Heinemann.（アーガイル, M., ヘンダーソン, M.［著］吉森 護［編訳］（1992）人間関係のルールとスキル 北大路書房.）

有元秀文（1994）スピーチコミュニケーション能力の育成をめざした授業研究──国際化の進展に対応した，論理的で明晰な音声表現力の育成に焦点を絞って 国立教育研究所研究集録, *29,* 1–19.

有本 純（2000）英語コミュニケーションにおける心理的障壁を除去する為の方略研究 関西国際大学研究紀要, 創刊号, 147–157.

アリストテレス［著］戸塚七郎［訳］（1992）弁論術 岩波書店.

東 清和（1997）展望 ジェンダー心理学の研究動向──メタ分析を中心として 教育心理学年報, *36,* 156–164.

馬場辰猪（1885）雄辯法 知新堂.

Berelson, B.（1952）*Content Analysis.* Ford Foundation.（ベレルソン, B.［著］

　　稲葉三千男・金　圭煥［訳］（1957）内容分析　みすず書房.）

Birdwhistell, R. L.（1970）*Kinesics and Context: Essays on Body Motion Communication.* University of Pennsylvania Press.

ベカルト, M.［著］中澤智恵［訳］第4章 教室での学習において，動機と感情が果たす重要な役割　立田慶裕・平沢安政［監訳］（2013）学習の本質——研究の活用から実践へ　明石書店.（Boekaerts, M.（2010）OECD *The Nature of Learning: Using Research to Inspire Practice.*）

文研・世論ことば調査グループ（1980）ことばに関する意識調査から——現代人の話しことば　NHK総合放送文化研究所・放送世論調査所文研月報, *2*, 1–15.

文研・世論ことば調査グループ（1982）アクセント7　林　大［監修］図説日本語グラフで見ることばの姿（再版）角川書店, 328.

Catford, J. C.（2001）*A Practical Introduction to Phonetics,* 2nd Edition. Oxford University Press.（キャットフォード, J. C.［著］竹林　滋・設楽優子・内田洋子［訳］（2006）実践音声学入門　大修館書店.）

Chartier, M. R.（1974）Five Components Contributing to Effective Interpersonal Communications. *The 1974 Annual Handbook for Group Facilitators.* University associates Publishers, inc., 125–128.

中央教育審議会（2008）学士課程教育の構築に向けて（答申）.〈http://www.mext.go.jp/b_menu/shingi/chukyo/chukyo0/toushin/1217067.htm 〉（2019年1月20日確認）

中央教育審議会（2012）新たな未来を築くための大学教育の質的転換に向けて——生涯学び続け，主体的に考える力を育成する大学へ（答申）.〈https://www.mext.go.jp/component/b_menu/shingi/toushin/__icsFiles/afieldfile/2012/10/04/1325048_1.pdf〉（2020年9月15日確認）

中央教育審議会大学分科会（2020）教育マネジメント指針.〈http://between.shinken-ad.co.jp/univ/2020/02/kyogakumanagement.html〉（2020年9月15日確認）

中央職業能力開発協会（2004）若年者就職基礎能力修得のための目安策定委員会報告書〈www.mhlw.go.jp/houdou/2004/07/dl/h0723-4h.pdf 〉（2019年1月20日確認）

大坊郁夫（1986）対人行動としてのコミュニケーション　対人行動学研究会［編］対人行動の心理学　誠信書房, 193–224.

大坊郁夫（1991）非言語的表出性の測定——ACT尺度の構成　北星学園大学文学部北星論集, *28*, 1–12.

大坊郁夫（1995）魅力と対人関係　現代心理学入門4　社会心理学, 95–117.

大坊郁夫（1998）セレクション社会心理学14 しぐさのコミュニケーション——

　人は親しみをどう伝えあうか　サイエンス社.

大坊郁夫［編著］（2005）社会的スキル向上を目指す対人コミュニケーション　ナカニシヤ出版.

大坊郁夫（2006）コミュニケーション・スキルの重要性　日本労働研究雑誌 *48*(1), 13-22.

大坊郁夫（2008）社会的スキルの階層的概念　対人社会心理学研究 *8*, 1-6.

デインズ, J., デインズ, C., グラハム, B.［著］小川　剛・妹島長子［訳］（1996）おとなが学ぶときに　全日本社会教育連合会.（Daines, J., Daines, C., & Graham B.（1988）*Adult Learning Adult Teaching.* University of Nottingham.）

Deci, E. L., & Flaste, R.（1995）*Why We Do What We Do The Dynamics of Personal Autonomy.* G. P. Putnam's Sons.

Dick, W., Carey, L., & Carey, J.（2001）*System Design of Instruction,* 5th Edition. Peason Education.（ディック, W., ケアリー, L., ケアリー, J. O.［著］角　行之［監訳］はじめてのインストラクショナルデザイン──米国流標準指導法 Dick & Carey モデル　ピアソン・エデュケーション.）

土居光知（1970）言葉と音律　研究社出版.

藤崎博也（1993）日本語の音調の生成モデルによる分析　国際化する日本語──話し言葉の科学と音声教育　クバプロ, 124-140.

藤崎博也（1994）音声の韻律的特徴における言語的・パラ言語的・非言語的情報の表出　電子情報通信学会技術研究報告　HC ヒューマンコミュニケーション, *94*(217)1-8.

藤原与一（1993）実用音声学　武蔵野書院.

深田博己（1998）インターパーソナル・コミュニケーション──対人コミュニケーションの心理学　北大路書房.

福井康之（2007）対人スキルズ・トレーニング──対人関係の技能促進修練ガイドブック　ナカニシヤ出版.

福沢諭吉（1872-1876）学問のすゝめ　伊藤正雄［訳］（1977）現代語訳 学問のすゝめ　社会思想社.

古井貞煕（1995）声の個人性の話　日本音響学会誌 *51*(11), 876-881.

古田　暁・久米昭元・長谷川典子（1991）日本の大学におけるコミュニケーション教育の実態調査報告Ⅱ　異文化コミュニケーション, *4*, 82-105.

ガードナー, H.［著］松村暢隆［訳］（2001）MI──個性を生かす多重知能の理論　新曜社.（Gardner, H.（1999）*Intelligence Reframed: Multiple Intelligences for the 21st Century.* Basic Books.）

言語技術の会［編］（1990）実践・言語技術入門──上手に書くコツ・話すコツ　朝日新聞社.

言語表現研究会［編］（1993）コミュニケーションのためのことば学──きく・

話す・読む　ミネルヴァ書房.

後藤宏行（1985）パブリック・スピーキングの成立とその文化的背景について　名古屋学院大学論集社会科学篇 *21*(4), 11–32.

後藤　学・大坊郁夫（2005）短期間における社会的スキル・トレーニングの実践的研究　対人社会心理学研究, *5*, 93–99.

グリフィン, P., マクゴー, B., ケア, E.［編］三宅なほみ［監訳］（2014）21 世紀型スキル ――学びと評価の新たなかたち　北大路書房.（Griffin, P., McGaw, B., Care, E., (Rds.) (2012) *Assessment and teaching of 21st century skills*. Springer.）

Hahn, E., Lomas, C.W., Hargis, D. E., & Vandraegen D. (1957) *Basic Voice Training for Speech*, 2nd Edition.　McGraw Book Company.

Hall, J.A. (1984) *Nonverbal Sex Differences: Communication Accuracy Band Expressive Style*.　Johns Hopkins University Press.

Hamilton College (2010) Oral Communication.〈http://www.hamilton.edu/academics/departments?dept=Oral%20Communication〉（2010 年 4 月 26 日確認）

春木　豊（1993）社会的行動とノンバーバル行動　異常行動研究会［編］基礎と臨床の心理学シリーズ 4 ノンバーバル行動の実験的研究　川島書店, 3–21.

春木　豊［編著］（2002）身体心理学――姿勢・表情などからの心へのパラダイム　川島書店.

橋口泰武（1998）緊張時における心理的コンディションに関する研究――スピーチ時における血圧と状態不安の関係　日本大学理工学部一般教育教室彙報, *63*, 11–20.

橋元良明（2003）電子メディア社会の言語行動　北原保雄［監］朝倉日本語講座 9 言語行動　朝倉書店, 174–193.

波多野誼余夫（2001）研究委員会企画特別講演――適応的熟達化の理論をめざして　教育心理学年報, *40*, 45–47.

Hatfield, E., Hsee, C. K., Costello, J., Weisman, M. S., and Denney, C. (1995) The Impact of Vocal Feedback on Emotional Experience and Expression. *Journal of Social Behavior and Personality, 10*(2), 293–312.

服部美樹子（2005）ビジネス・コミュニケーション能力育成指導の課題（Ⅱ）――交わし合うコミュニケーション教育の必要性　大阪学院大学通信, *35*(12), 131–144.

林　大［監修］（1987）図説日本語グラフで見ることばの姿（再版）　角川書店.

林　進（1988）コミュニケーションと人間社会　林　進［編］コミュニケーション論　有斐閣.

林　徳治（1998）SCS を用いた遠隔講義における授業者のプレゼンテーション能力に関する事例研究　情報処理センター年報（京都教育大学）, 33-37.

林　徳治・真下知子・谷口由美子（2001）プレゼンテーション能力の向上を図る教師訓練プログラムの実証研究——山口県免許法認定講習「教育メディア論」の授業評価　研究論叢——芸術・体育・教育・心理（山口大学教育学部）, *51*(3), 119-136.

林　徳治・谷口由美子（2001）プレゼンテーション技術の向上を図る教員研修——教員研修プログラムおよび教材の開発と実践　山口大学教育学部附属教育実践総合センター研究紀要, *12*, 69-80.

林　義雄（1979）こえとことばの科学（増補第 5 版）　鳳鳴堂書店.

日高貢一郎（1992a）大学生と話し方（1）——大分大学の口話表現演習を中心に　国語の研究, *16*, 1-13.

日高貢一郎（1992b）大学生と話し方（2）——大分大学の口話表現演習を中心に　国語の研究, *17*, 1-16.

樋口宜男（1997）音声表現に現れた話者の感情　日本語学, *16*(10), 53-60.

平野美保（2007）大学生の音声に関する意識と行動——音声表現訓練の効果における社会人との比較を通して　名古屋大学教育発達科学研究科紀要（教育科学）, *54*(2), 85-95.

平野美保（2010a）パラ言語スキルに焦点化した音声行動学習プログラムの開発と評価——職業生活に向けたコミュニケーションスキル獲得の支援のために　日本教育工学会論文誌, *34*(1), 23-33.

平野美保（2010b）パラ言語スキルに焦点化した音声行動学習プログラムの指導法の検討——演習方法の相違による学習者の心理的状態と効果の比較　名古屋大学教育発達科学研究科紀要（教育科学）, *57*(1), 67-77.

平野美保（2012）パラ言語スキル育成のための音声行動学習プログラムの開発——大学生への試行結果に即して　名古屋大学大学院 教育発達科学研究科（博士論文）.

平野美保・大谷　尚・柴田好章（2014）コミュニケーション能力向上のための音声表現スキル学習プログラムの開発と評価——ICE モデルを用いた授業デザインの検討　日本教育工学会第 30 回全国大会講演論文集, 847-848.

平野美保・大谷　尚・柴田好章（2015）コミュニケーション能力向上のための音声表現スキル学習プログラムの開発と評価——授業方法に対する学習者の受け止め方からみた効果　日本教育工学会第 31 回全国大会講演論文集, 743-744.

平野美保（2016）大学におけるキャリア教育の実践と課題——アクティブラーニングによるコミュニケーションスキルの育成　職業とキャリアの教育学, *21*, 95-107.

平野美保（2017）大学生の就職活動およびその支援からみたコミュニケーション能力育成に向けての考察　言語文化研究, *5*, 24–33.

平野美保・柴田好章・大谷　尚（2017）実社会と連続性を有するコミュニケーション能力向上のための学修プログラムのデザインの検討　日本教育工学会第33回全国大会講演論文集, 327–328.

平野美保（2019）実社会と連続性を有するコミュニケーション能力の育成に関する一考察──「スピーチの基礎」における学習者の認識　国際ビジネスコミュニケーション学会2019年度第2回関西支部例会.

Hirano, M.（2019）Learners' Perceptions of the Japanese Oral Communication Course. 2019年10月24日 Association for Business Communication 84th Annual International Conference, p29.

平尾元彦・重松政徳（2007a）コミュニケーション能力を高める大学教育科目の実践　大学教育, *4*, 99–110.

平尾元彦・重松政徳（2007b）大学生のコミュニケーション能力とキャリア意識　大学教育, *4*, 111–121.

洪　珉杓（1993）丁寧表現における日本語音声の丁寧さの研究　音声学会会報, *204*, 13–30.

Hovland, C. L., Janis, I. L., & Kelley, H. H.（1953）*Communication and Persuasion.* Yale University.（ホヴランド, C. I. 他［著］辻　正三・今井省吾［訳］（1960）コミュニケーションと説得　誠信書房.）

HR総研（2021）2021年&2022年新卒採用動向調査結果報告〈https://hr-souken.jp/research/2587/〉（2021年5月3日確認）

胡　玉華・宇野　忍（2005）日本人の中国語初学者に声調学習を援助する際の効果的方法に関する研究──構成法的な仮説検証法を用いて, 教育心理学研究, *53*, 541–550.

出野憲司（2002）方言と国語教育（2）──方言差が音声表現に与える影響について　日本私学教育研究所紀要, *37*(2), 15–32.

飯吉光夫（2002）世界の名詩を読みかえす　いそっぷ社.

池田秀男（1987）生涯学習テキスト②成人教育の理解　実務教育出版.

今石元久（1997）日本語音声の実験的研究　和泉書院.

今石元久（2005）序説　今石元久［編著］音声研究入門　和泉書院, 1–7.

今石元久・上斗晶代（2005）日本語のイントネーション　今石元久［編著］音声研究入門　和泉書院, 56–66.

今村みゑ子（1994）話しことば教育における実践的指導の要点について　飯山論叢, *11*(1), 1–17.

稲垣佳世子・波多野誼余夫（1989）人はいかに学ぶか──日常的認知の世界　中央公論社.

稲浦　綾・木庭裕美（2006）プレゼンテーション能力育成のための授業実践　JSiSE Reserch Report, *20*(6), 178–181.

井上史雄（1985）新しい日本語──〈新方言〉の分布と変化　明治書院.

井上史雄（1993）日本人の最近のイントネーション　第7回大学と科学公開シンポジウム組織委員会［編］国際化する日本語──話し言葉の科学と音声教育　クバプロ, 176–179.

井上史雄（1994）「尻上がり」イントネーションの社会言語学　佐藤喜代治［編］国語論究第4集──現代語・方言の研究　明治書院, 1–29.

井上史雄（1997）イントネーションの社会性　杉藤美代子［編］日本語音声2アクセント・イントネーション・リズムとポーズ　三省堂, 143–168.

井上史雄（1998）日本語ウォッチング　岩波書店.

井上善夫・金子眞喜（2000）「パブリック・スピーキング」のための話しことばの自己点検と分析について　関西国際大学研究紀要, 創刊号, 209–219.

石井英真（2015）第1章──教育評価の立場　西岡加奈恵・石井英真・田中耕治［編］新しい教育評価入門──人を育てる評価のために　有斐閣コンパクト.

伊中悦子・高崎みどり［編］（1993）学生のための言語表現法　双文社出版.

石野　伸（1996）朗読法の基本2　中島國太郎［監］気軽に楽しく短い時間で力のつく音声言語学習50のアイディア　三省堂, 38–39.

岩脇千裕（2006）大学新卒者に求める能力の構造と変容──企業は即戦力を求めているのか　Works Review 1.

ジョンソン, D. W., ジョンソン, R. T., ホルベック, E. J.［著］石田裕久・梅原巳代子［訳］（2010）改訂版 学習の輪──学び合いの協同教育入門　二瓶社.（Johnson, D. W., Johnson, R. T., & Holubec, E. J. (1984) *Circles of Learning: Cooperation in the Classroom. Interaction Book.*）

ジョンソン, D. W., ジョンソン, R. T., スミス, K. A.［著］関田一彦［監訳］（2001）学生参加型の大学授業──協同学習への実践ガイド　玉川大学出版.（Johnson, D. W., Johnson, R. T., & Smith, K. A. (1991) *Active Learning: Cooperation in the College Classroom.* Interaction Book.）

甲斐睦朗（1998）これからの話しことば教育とその基礎研究の必要性　日本語学, *17*(8), 84–91.

加治木美奈子（1996）「話す」意識と若者の話しことば──NHK ことばの調査から　教育と情報, *459*, 12–18.

金澤文教（1996）「ラジオ深夜便」と話す速さ　教育文化研究会［編］　力のつく音声言語学習50のアイディア──気軽に楽しく短い時間で　三省堂

金子元久（2007）大学の教育力──何を教え，学ぶか　筑摩書房.

狩俣正雄（1992）組織のコミュニケーション論　中央経済社.

加藤次男（2001）コミュニケーションのための日本語・音声表現　学文社.

河内和子（2003）自信力が学生を変える　大学生意識調査からの提言　平凡社.

川本朱美（2000）「声」が伝達する非言語情報の印象評価と知覚特性　（博士論文）.

加用文男（2005）感情の身体説と「非対応感情」　心理科学, 25(1), 74–87.

経済産業省（2006）「社会人基礎力」とは〈http://www.meti.go.jp/policy/kisoryoku/kisoryoku_image.pdf〉（2011 年 11 月 27 日確認）.

Kimble, C. E., & Seidel, S. D.（1991）Vocal Signs of Confidence, *Journal of Nonverbal Behavior, 15*(2), 99–105.

Kleinke, C. L.（1975）*First Impressions: The Psychology of Encountering Others.* Prentice-Hall Inc.（クラインク, C. L.［著］福屋武人［監訳］（1984）ファースト・インプレッション――好感を演出する　有斐閣.）

ナップ, M. L.［著］牧野成一・牧野泰子［共訳］（1979）人間関係における非言語情報伝達　東海大学出版会.（Knapp, M. L.（1972）*Nonverbal Communication in Human Interaction.* Holt, Rinehart and Winston.）

小林範子（1998）音声障害　笹沼澄子［監］入門講座コミュニケーションの障害とその回復② 成人のコミュニケーション障害　大修館書店, 65–97.

小林　聡・北澤茂良（1998）韻律的特徴と周辺言語的特徴　音声言語情報処理, 22(9), 43–48.

小林　聡・北澤茂良（2000）日本語の自然対話音声におけるパラ言語的特徴の検討　日本音響学会誌, 56(7), 467–476.

小林由起子（2004）声のトレーニング 歌える！話せる！自信がつく！　NHK 出版.

國分康孝（1981）エンカウンター――心とこころのふれあい　誠信書房.

國分康孝・片野智治（2001）構成的グループ・エンカウンターの原理と進め方―― リーダーのためのガイド　誠信書房.

小森政嗣（2001）スピーチにおける「間」の最適時間長に関する感性心理学的研究　人間科学研究, 3, 133–145.

Kolb, D. A.（2015）*Experiential Learning: Experience as the Source of Learning and Development,* 2nd Edition. Pearson Education.

郡　史郎（1997）日本語のイントネーション――型と機能　日本語音声 2 アクセント・イントネーション・リズムとポーズ　三省堂, 169–202.

古瀬順一（1999）鼻濁音　高橋俊三［編］音声言語指導大事典　明治図書, 315.

厚生労働省（2004）若年者の就職能力に関する実態調査〈http://www.mhlw.go.jp/houdou/2004/01/h0129-3.html〉（2008 年 4 月 12 日確認）.

前川喜久雄（1989）母音の無声化　杉藤美代子［編］講座日本語と日本語教育 2 日本語の音声・音韻（上）　明治書院, 135–153.

前川喜久雄（1997）音声言語としての話しことば（1）音声による情報伝達のメカニズム 日本語学　明治書院, 16(11), 95–105.

前川喜久雄（2000）パラ言語的情報——話しことばの本質　別冊国文学——現代日本語必携, *53*, 172–175.

前川喜久雄（2004）音声学　田窪行則・前川喜久雄・窪薗晴夫・本多清志・白井克彦・中川聖一　言語の科学2 音声　岩波書店, 1–52.

前川喜久雄・北川智利（2002）音声はパラ言語情報をいかに伝えるか　認知科学 *9*(1), 46-66.

前川喜久雄・吉岡泰夫（1997）発話の丁寧さに対する語彙的要因と韻律的要因の寄与　国語学, *190*, 120–131.

牧野由香里（2002）表現・コミュニケーション能力育成のためのスピーチ演習カリキュラムの開発　日本教育工学会論文誌, *25*(4), 225–235.

牧野由香里（2003）プレゼンテーションにおける自律的学習のための学習環境デザイン　日本教育工学会論文誌, *27*(3), 325–335.

牧野由香里（2008）議論のデザイン　ひつじ書房.

政本　香・市川優一郎・日高一誠・依田麻子（2003）スピーチに伴う生理的反応と主観的緊張感および指標間関連について　*Health and Behavior Sciences, 2*(1), 27–34.

松村直樹（2009）大学教育と就職——学生に対する出口の質保証　斎藤里美・杉山憲司［編著］大学教育と質保証——多様な視点から高等教育の未来を考える　明石書店, 183–211.

McCroskey, J. M.（1978）*An Introduction to Rhetorical Communication*, 3rd Edition. Prentice-Hall, Inc.

Mehrabian, A.（1970）When are Feelings Communicated Inconsistently? *Journal of Experimental Research in Personality, 4*, 198–212.

マレービアン, A.［著］西田　司・津田幸男・岡村輝人・山口常夫［訳］（1986）非言語コミュニケーション　聖文社.（Mehrabian, A.（1981）*Silent Messages: Implicit Communication of Emotions and Attitudes.* University of Pennsylvania Press Philadelphia.）

三國一朗（1986）徳川夢声とその時代　もんじゅ選書23　講談社.

南不二男（1981）東京のアクセント　国立国語研究所［著］国立国語研究所報告 70–1 大都市の言語生活——分析編　三省堂, 163–191.

三田地真実（2013）ファシリテーター行動指南書——意味ある場づくりのために　ナカニシヤ出版.

三宅章介（2008）若年社員のキャリア形成とコミュニケーションの役割　産業訓練, *25*, 24–30.

水谷　修（1993）日本語の音声教育の現状と展望　国際化する日本語——話し言葉の科学と音声教育　クバプロ, 153–161.

村松賢一（1998）スピーチコミュニケーション教育の現状と課題　日本語学, *17*

(7), 12-20.

虫明眞砂子・秋山　啓（1994）話声と歌声に関する研究（Ⅰ）――声楽発声の立場から実施したアナウンサーに対するヴォイストレーニングについて　岡山大学教育学部研究集録, *96*, 239-250.

長野　正（1995）日本語の音声表現――スピーチ・コミュニケーション　玉川大学出版部.

中川洋一（1991）共通語を学ぶ――アクセント・発音　NHK CTI日本語センター.

中村敏枝（2002）「間」の感性情報　日本ファジイ学会誌, *14*(1), 15-21.

夏目達也（2008）大学におけるキャリア教育の実践　日本キャリア教育学会［編］キャリア教育概説　東洋館出版社, 112-119.

Nelson-Jones, R.（1990）*Human Relationship Skills: Training and Self-help*, 2nd Edition. Cassel Publishers Limited（ネルソン・ジョーンズ, R.［著］相川充［訳］（1993）思いやりの人間関係スキル――一人でできるトレーニング　誠信書房.）

NHK放送文化研究所［編］（1998）NHK日本語発音アクセント辞典（新版）NHK出版.

NHK出版［編］（2005）CD-ROMブックNHKアナウンス実践トレーニング　NHK出版.

日本経済団体連合会（2018）2018年度新卒採用に関するアンケート調査結果〈www.keidanren.or.jp/policy/2018/110.pdf〉（2019年1月1日確認）.

野元菊雄（1990）音声と音韻――研究と教育の立場から　杉藤美代子［編］講座日本語と日本語教育3日本語の音声・音韻（下）　明治書院, 1-22.

織田揮準（1991）大福帳による授業改善の試み――大福帳効果の分析　三重大学教育学部研究紀要（教育科学）, *42*, 165-174.

萩野仁志・後野仁彦（2004）「医師」と「声楽家」が解き明かす発声のメカニズム　音楽之友社.

大石初太郎（1957）問題・現代の話し方論　言語生活, *73*, 14-23.

大石初太郎（1975）まとめ――わかりやすく話すために　芳賀　綏・田中　積［編］新・日本語講座8現代人の話しことば, 203-217.

岡部朗一（1996）コミュニケーションの基礎概念　古田　暁［監］異文化コミュニケーション改訂版　有斐閣, 15-38.

鬼澤陽子・蔵原三雪・笹本重子・山梨雅枝・岡島彩映（2012）e-ラーニングの活用による授業の省察力育成を目指した大学模擬授業のシステムの構築――学内附属施設との連携を通して　日本女子体育大学紀要, *42*, 71-79

大久保忠利（1978）新訂話しかた第二歩　春秋社.

奥田栄二（2007）若年層の就労問題　Business Labor Trend　労働政策研究・研修機構.

大谷　尚（2008）質的研究とは何か――教育テクノロジー研究のいっそうの拡張をめざして　教育システム情報学会誌, *25*(3), 340-354.

大谷　尚（2011）SCAT: Steps for Coding and Theorization――明示的手続きで着手しやすく小規模データに適用可能な質的データ分析手法　日本感性工学会論文誌, *10*(3), 155-160.

大谷　尚（2017）質的研究とは何か　YAKUGAKU ZASSHI, *137*(6), 653-658.

大谷　尚（2019）質的研究の考え方――研究方法論からSCATによる分析まで　名古屋大学出版会.

パターソン, M. L.［著］工藤　力［監訳］（1995）非言語コミュニケーションの基礎理論　誠信書房.（Patterson, M. L.（1983）*Nonverbal Behavior: A Functional Perspective.* Springer-Verlag New York Inc.）

リッチモンド, V. P., マクロスキーJ. C.［著］山下耕二［編訳］（2006）非言語行動の心理学――対人関係とコミュニケーション理解のために　北大路書房.（Richmond, V. P., & McCroskey, J. C.（2003）*Nonverbal Behavior in Interpersonal Relations.* Allyn & Bacon.）

ライチェン, D. S., サルガニク, L. H.［著］立田慶裕［監訳］（2006）キー・コンピテンシー――国際標準の学力をめざして　明石書店.（Rychen, D. S., & Salganik, L. H.（Rds.）（2003）*Key Competencies for a Successful Life and a Well-Functioning Society.* Hogrefe and Huber Publishers.）

斉藤純男（1997）日本語音声学入門　三省堂.

斉藤純男（2001）音調の分析　城生伯太郎［編］コンピュータ音声学　おうふう, 107-149.

斎藤由美子（1990）日本語音声表現法　おうふう.

酒井　弘（1990）新版 発声の技巧とその活用法　音楽之友社.

Salovey, P., & Mayer, J. D.（2004）Emotional Intelligence: Theory, Findings, and Implications. *Psycological Inquiry, 15*(3), 199.

佐野智子（1997）音声による印象形成理論　情報文化論, *1*, 29-46.

佐野智子（2000）電話の音声による印象形成（2）――韻律情報の分析　電話相談学研究, *11*(2), 62-70.

佐々木正利（1993）教員養成大学における発声指導の基本理念と方法――呼吸法と声帯振動の理論を背景とした実践への提言　岩手大学教育学部研究年報, *53*(1), 137-155.

笹寿美子（2002）日本人大学生へのスピーチコミュニケーションの授業を通して　AJALT日本語研究誌, *1*, 90-99.

佐藤綾子（2003）非言語的パフォーマンス――人間関係をつくる表情・しぐさ　東信堂.

柴田　武（1995）日本語はおもしろい　岩波書店.

柴山茂夫（1987）感情・情動　柴山茂夫・林文俊・河合優年　心理学アラカルト
　　30　福村出版, 78-79.

Siegman, A. W.（1993）Paraverbal Correlates of Stress: Implications for Stress
　　Identification and Management. Goldberger, L., & Breznitz, S.（Eds.）
　　Handbook of Stress: Theoretical and Clinical Aspects, 2nd Edition. A
　　Division of Macmillan. 274-299.

重野　純（2003）音声と表情による感情の認知――日米間の比較　*The AGU
　　Journal of Psychology, 3,* 1-8.

重野　純（2004）音声と表情の間で矛盾している感情の認知――日米間の比較
　　The AGU Journal of Psychology, 4, 17-26.

清水康敬（2005）監修にあたり　清水康敬［監修］実践インストラクショナルデ
　　ザイン――事例で学ぶ教育設計　東京電機大学出版局, ⅰ-ⅲ.

白井淑子（2003）短期大学における日本語音声表現法の指導に関する考察（1）
　　甲子園短期大学紀要, *22,* 23-35.

白井淑子（2004）短期大学における日本語音声表現法の指導に関する考察（2）
　　甲子園短期大学紀要, *23,* 91-106.

荘厳舜哉（1986）ヒトの行動とコミュニケーション――心理生物学的アプローチ
　　福村出版.

Suarez, A.・田中ゆき子（2001）日本人学習者の英語発音に対する学習態度につ
　　いて　新潟青陵大学紀要, *1,* 99-111.

菅村玄二・岩田無為（2002）音声　春木　豊［編著］身体心理学――姿勢・表情
　　などからの心のパラダイム　川島書店, 157-180.

杉澤陽太郎（1992）NHKの新人アナウンサー研修　文部時報, *1382,* 32-35.

杉藤美代子（1985）言語行動における音声――効果的な朗読へのアプローチ　国
　　立国語研究所［監］言語行動と日本語教育　凡人社, 241-261.

杉藤美代子（1989）談話におけるポーズとイントネーション　講座 日本語と日本
　　語教育2日本語の音声・音韻（上）　明治書院, 343-364.

杉藤美代子（1997）話し言葉のアクセント, イントネーション, リズムとポーズ
　　杉藤美代子［監修］日本語音声（2）アクセント・イントネーション・リ
　　ズムとポーズ　三省堂, 3-20.

杉藤美代子（1999）日本語音声の研究7教育への提言　和泉書房.

杉藤美代子（2003）声に出して読もう！――朗読を科学する（新装改訂版）　明
　　治書院.

諏訪茂樹（2000）人と組織を育てるコミュニケーション・トレーニング　日本経
　　団連出版.

鈴木克明（2002）教材設計マニュアル――独学を支援するために　北大路書房.

鈴木松美［編著］（2003）日本人の声　洋泉社.

鈴木伸一（1996）社内研修の実際　日本経済新聞出版.

高橋克徳（2009）職場は感情で変わる　講談社.

高見和之・小林　聡（2008）2モーラ語「ええ」に対するパラ言語情報の認知におけるF0の影響　電子情報通信学会技術研究報告, *108*(116), 121–126.

武田昌一・大山　玄・析谷綾香・西澤良博（2002）日本語音声における「怒り」を表現する韻律的特徴の解析　日本音響学会誌, *58*(9), 561–568.

竹山昭子（1985）話し方コミュニケーション　白桃書房.

田窪行則・前川喜久雄・窪薗晴夫・本多清志・白井克彦・中川聖一（2004）言語の科学2 音声　岩波書店.

田中孝治・水島和憲・仲林　清・池田　満（2017）営業実習の週報から見る新入社員の学び方の学びと指導員によるその支援──質的データ手法SCATを用いた−事例分析　日本教育工学会論文誌, *4*(1), 1–12.

田中好三（1999）日本人のための基礎日本語　鳥影社.

柞磨昭孝（2017）ICEモデルで拓く主体的な学び──成長を促すフレームワークの実践　東信堂.

辰巳哲子（2006）すべての働く人に必要な能力に関する考察──学校と企業とが共用する「基礎力」の提唱　Works Review, *1*, 124–133.

寺井　一（2000）音声言語教育の具体的方策──アクセントを題材にした実践　名古屋大学教育学部附属中高等学校紀要, *45*, 161–170.

土岐　哲（1997）教員養成と音声学　音声研究, *1*(1), 6–11.

徳川夢聲（1949）話術　白揚社.

Trager, G. L. (1958) Paralanguage: A First Approximation. Trager, G. L.（Ed.）*Studies in Linguistics: Department of Anthropology and Linguistics, 13*, 1–12.

辻太一朗（2007）採用力のある面接──ダメな面接官は学生を逃がす　NHK出版.

塚本三夫（1985）コミュニケーションの論理と構造　青井和夫［監修］佐藤　毅［編］ライブラリ社会学7 コミュニケーション社会学　サイエンス社, 1–48.

津村俊充（1990）コミュニケーションスキルの開発と訓練　原岡一馬［編］人間とコミュニケーション　ナカニシヤ出版, 118–130.

敦賀麻理子・鈴木直人（2006）スピーチにおける"あがり"の主観的反応の強度が心臓血管系および呼吸器系反応に与える影響　心理学研究, *77*(3), 235–243.

有働玲子（1999）音声言語指導の歴史　高橋俊三［編］音声言語指導大事典　明治図書, 368–371.

上野徳美（1986）対人関係と態度　対人行動学研究会［編］対人行動の心理学, 161–192.

内田　実（2005）実践インストラクショナルデザイン──事例で学ぶ教育設計

東京電機大学出版局.

内田照久（2000）音声の発話速度の制御がピッチ感及び話者の性格印象に与える影響　日本音響学会誌, *56*(6), 396–405.

内田照久（2002）音声の発話速度が話者の性格印象に与える影響　心理学研究, *73*(2), 131–139.

内田照久（2005a）音声の発話速度と休止時間が話者の性格印象と自然なわかりやすさに与える影響　教育心理学研究, *53*, 1–13.

内田照久（2005b）音声中の抑揚の大きさと変化パターンが話者の性格印象に与える影響　心理学研究, *76*(4), 382–390.

内田照久（2006）音声中のF0変動幅とパターンが話者のパーソナリティ印象に及ぼす影響　電子情報通信学会技術研究報告, SP, 音声 *105*, 43–48.

宇津木成介（1993）音声による情動表出と非言語的な弁別手がかり　荘厳舜哉［編］基礎と臨床の心理学シリーズ4 ノンバーバル行動の実験的研究　川島書店, 201–217.

Vargas, M. F.（1987）*Louder than Words: An Introduction to Nonverbal Communication.* Iowa State University Press.（ヴァーガス, M. F.［著］石丸正［訳］（1987）非言語コミュニケーション　新潮社.）

渡辺弥生（1996）講座サイコセラピー11 ソーシャル・スキル・トレーニング（SST）　日本文化科学社.

山本光雄（1977）アリストテレス――自然学・政治学　岩波書店.

山元淑乃（2017）アニメ視聴を契機とした日本語習得を通した発話キャラクタの獲得過程に関する事例研究――フランス移民二世Cの語りの質的分析から　言語文化教育研究, *15*, 116–139.

山村恒雄（1953）アナウンサーのことばの訓練　児童心理, *7*(3), 63–67.

湯浅且敏・大島　純・大島律子（2011）PBL設計の特徴とその効果の検討　静岡大学情報学研究, *16*, 15–22.

米川明彦（1998）若者語を科学する　明治書院.

米川明彦（2001）位相語・集団語・若者語をめぐって　国文学――解釈と教材の研究, *46*(12), 94–101.

米山文明（2002）声と歌にもっと自信がつく本　三笠書房.

吉田　隆（2005）高度情報化社会における，日本語表現能力及び情報読解能力の育成　研究紀要, *47*, 1–1.〈http://www.nara-wu.ac.jp/fuchuko/curriculum/study/Japanese/yoshida/kaken05.pdf〉（2006年12月8日確認）

吉田辰雄（2008）進路指導からキャリア教育へ　日本キャリア教育学会［編］キャリア教育概説　東洋館出版社, 37–43.

ヤング, S. F., ウィルソン, J. R.［著］土持ゲーリー法一［監訳］（2013）「主体的学び」につなげる評価と学習方法――カナダで実践されるICEモデル　東信

堂.（Young, S. F., & Wilson, J. R.（2000）*Assessment & Learning: The ICE Approach*. Portage & Main Press.）

ヤング, S. F.（2014）ICE 出版記念講演会レポート――スー・ヤング博士講演　主体的学び　主体的な学び研究所.

湯澤質幸・松崎　寛（2004）音声・音韻探求法――日本語音声へのいざない　朝倉書店.

Zuckerman, M., Amidon, M. D., Bishop, S. E., & Pomerantz, S. D.（1982）Face and Tone of Voice in the Communication of Deception. *Journal of Personality and Social Psychology, 43*(2), 347–357.

Zuckerman, M., & Driver, R.（1989）What Sounds Beautiful is Good: The Vocal Attractiveness Stereotype. *Journal of Nonverbal Behavior, 13*(2), 67–82.

事 項 索 引

人名索引

著者紹介

平野美保（ひらの みほ）

京都ノートルダム女子大学国際言語文化学部国際日本文化学科准教授。

記念式典，演奏会などの司会，ビジネス用途のナレーション，社会人などを対象にしたセミナー・研修に携わりながら，名古屋大学大学院教育発達科学研究科で博士（教育）の学位を取得。現在，実社会に資するコミュニケーション能力育成の研究・教育に取り組んでいる。

コミュニケーション能力育成

音声表現研究をベースとした話しことば教育

2022 年 3 月 15 日　　初版第 1 刷発行

著　者　平野美保

発行者　中西　良

発行所　株式会社ナカニシヤ出版

〒606-8161　京都市左京区一乗寺木ノ本町 15 番地

Telephone　075-723-0111

Facsimile　075-723-0095

Website　http://www.nakanishiya.co.jp/

Email　iihon-ippai@nakanishiya.co.jp

郵便振替　01030-0-13128

印刷・製本＝創栄図書印刷／装幀＝白沢　正

Copyright © 2022 by M. Hirano

Printed in Japan.

ISBN978-4-7795-1618-4

本書のコピー，スキャン，デジタル化等の無断複製は著作権法上の例外を除き禁じられています。本書を代行業者等の第三者に依頼してスキャンやデジタル化することはたとえ個人や家庭内での利用であっても著作権法上認められていません。